Bernhard Steiner
So gehen Sie richtig mit Geld um!

lieber Matthias
Geld ist ein spannendes
Thema.
viel feld

Bernd
18.7.04

Bernhard Steiner

So gehen Sie richtig mit Geld um!

Lexika Verlag®

Bibliografische Information Der Deutschen Bibliothek
Die Deutsche Bibliothek verzeichnet diese Publikation in der Deutschen
Nationalbibliografie; detaillierte bibliografische Daten sind im Internet
über http://dnb.ddb.de abrufbar.

Lexika Verlag erscheint bei Krick Fachmedien GmbH + Co. KG, Würzburg

© 2003 Krick Fachmedien GmbH + Co. KG, Würzburg
Druck: Schleunungdruck, Marktheidenfeld
Printed in Germany
ISBN 3-89694-409-6

Vorwort

Ein paar Worte zum Thema Geld

Welch verwegener Gedanke, in einer Zeit von Entlassungen, Pleiten, hoher Arbeitslosigkeit und schleppender Konjunktur über das Thema Geld zu schreiben. Doch wann, wenn nicht gerade jetzt? Wachgerüttelt durch die täglich schlechten Nachrichten müssen wir uns zwingend mit dem Thema Finanzen auseinander setzen, mehr denn je. Selbst im Laufe der Entstehung dieses Buches hat uns die Aktualität mehr als einmal eingeholt. So rückte z.b. das Thema Schulden mit allen Hintergründen auf die Titelseiten der Medien vor – anstelle der gewohnten Erfolgsgeschichten.

Falsch ist es, die Welt in Arm und Reich zu kategorisieren. Deshalb bevorzuge ich den Ausdruck: Vermögende und weniger Vermögende. Wo ist die Grenze zur Armut und wo beginnt Wohlstand? Die Barrieren entstehen in unseren Köpfen und in unserer Lebensweise. Ich kenne Familien, die mit monatlich bescheidenen 800 Euro „über die Runden" kommen. Ein anderes Ehepaar verfügt über monatlich 7.500 Euro und sitzt auf einem unüberschaubaren Schuldenberg.

Die Wahrheit ist: Finanzen haben nichts Mysteriöses. Die Fachsprache der Geldgurus ist reiner Bluff. Es gibt keine Geheimnisse, sondern nur Informationen, die sich jeder aneignen kann. Sobald wir die Grundlagen kennen und befolgen, wird es zum Kinderspiel finanzielle Sicherheit zu erreichen. In diesem Buch lernen Sie nicht nur wirksame Strategien und leicht umsetzbare Techniken für größeren Wohlstand kennen, Sie werden sich zudem ein Fundament schaffen können, um Sicherheit zu erlangen im Umgang mit den schon immer da gewesenen finanziellen Herausforderungen.

Dazu wird in Kapitel 1 zunächst auf unterschiedliche Werte und Einstellungen zum Thema Geld eingegangen. Mit einer detaillierten Analyse zu Ihrer jetzigen finanziellen Situation können Sie danach den Grundstein für Ihr Finanzmanagement legen, Einkommenspotenziale herausfinden und Maßnahmen gegen Schulden ergreifen. Ein Blick auf das Thema Selbstständigkeit in Kapitel 4 und umfassende Informationen zur Geldanlage in Kapitel 5 runden den Ratgeber ab. Praktische Hilfe bieten die vielen Adressen im Anhang.

Dieses Buch ist entstanden, um Sie auf dem Weg zu Ihrem finanziellen Durchbruch zu begleiten. Zahlreiche Beispiele machen Sie vertraut mit finanziellen Angelegenheiten. Sie lernen in diesem Buch Menschen kennen, die sich aus brenzligen Notlagen befreien und das Blatt im richtigen Moment wenden konnten. Sie erfahren auch, dass Sie nicht zwangsläufig Geld auf dem Konto „horten" müssen, um sich vermögend zu fühlen.

Sie sind sich nicht sicher, ob Sie es je schaffen werden, finanzielle Freiheit zu erlangen? Es ist weniger wichtig, wie Ihr Kontostand heute aussieht oder was Sie heute verdienen. Auch wenn Sie in diesem Moment noch den Kopf schütteln, weil Sie deutlich in den „Miesen" sind.
Vielleicht haben Sie aber bereits ein kleines Vermögen auf der hohen Kante und wollen es vermehren. Auch dann wird Ihnen dieses Buch wertvolle Impulse liefern.

Lassen Sie den Gedanken an finanzielle Unabhängigkeit beim Lesen zu. Sabotieren Sie sich nicht selbst, indem Sie die Informationen voreilig in Frage stellen. Probieren Sie die Vorschläge einfach aus und werden Sie eine Persönlichkeit, die richtig mit Geld umgeht. Denn Veränderungen entstehen zuerst im Kopf. Geben Sie sich eine realistische Chance zur Erfüllung Ihres finanziellen Traums und sichern Sie sich Ihren verdienten Platz an der Sonne: Befreien Sie sich von Schulden und werden Sie vermögend.

Zürich, im März 2003, Bernhard Steiner

Inhaltsverzeichnis

1 Regeln Sie Ihre finanziellen Angelegenheiten

Geld hat den Wert, den wir ihm geben. Nicht mehr und nicht weniger.

Klarheit und Kenntnis über den eigenen Lebensstandard sind die Basis für den richtigen Umgang mit Geld. Kurzfristige Einkommenserhöhungen, wie z.b. der Abschluss eines lukrativen Geschäfts, sind ein flüchtiges Erlebnis. Sie sind meist von kurzer Dauer. Wer aber finanzielle Angelegenheiten managen kann, erzielt dauerhaft gute Resultate und mehrt sein Vermögen stetig.

1.1 Bei welchem Lebensstil fühlen Sie sich wohl?

Wir sind uns alle bewusst darüber, dass Wohlstand etwas sehr Subjektives ist und das jeder unter finanziellem Wohlstand etwas anderes versteht. Für eine gewöhnliche Haushaltshilfe bedeutet Reichtum etwas völlig anderes, als für einen gut verdienenden Top-Manager.

✗ Beispiel:

Die Haushaltshilfe Ingrid Rabe verdient im Durchschnitt rund 1.400 Euro netto monatlich, sie hat keine großen Ersparnisse und lebt in einer Mietwohnung. Durch einen unerwarteten Sterbefall in ihrer Familie erbt sie stolze 50.000 Euro. Dieser Betrag stellt für Ingrid Rabe ein erhebliches Vermögen dar.

Das Unternehmerehepaar Schulze hat ein monatliches Nettoeinkommen in Höhe von 13.000 Euro. Eine Erbschaft in der gleichen Höhe stellt für die Schulzes keine übermäßige Vermögensmehrung dar.

Der Grund dafür liegt auf der Hand: Die Haushaltshilfe Rabe kommt mit viel weniger Einkommen pro Monat aus als das Unternehmerehepaar Schulze. 50.000 Euro sind für das Unternehmerehepaar nicht mehr als vier Monatseinkommen. Wer jedoch wie Frau Rabe im Monat mit 1.400 Euro auskommen kann und plötzlich 50.000 Euro zur Verfügung hat, sieht dagegen weitaus mehr Möglichkeiten für eine wesentliche Verbesserung der eigenen Lebenssituation.

Unsere Geldwahrnehmung ist rein subjektiv. Wie viel Geld wir verdienen und ausgeben ist für jeden persönlich unterschiedlich gefärbt. Trotzdem können wir unseren Lebensstandard an einem Indiz messen und überschaubar vergleichen: an unserem eigenen Wohlbefinden. Definieren Sie deshalb Ihren Mindestanspruch im

Leben. Kristallisieren Sie heraus, welche Annehmlichkeiten Sie heute sehr teuer bezahlen, die Ihnen überhaupt nicht so wichtig sind. Zunächst geht es darum, herauszufinden, was Wohlstand für Sie persönlich bedeutet. Nutzen Sie dazu die folgende Denkübung:

Mein Wunsch-Lebensstil

Schritt 1: Setzen Sie sich in Ihren bequemen Lieblingssessel, relaxen Sie und schließen Sie bitte die Augen für zwei bis drei Minuten. Stellen Sie sich Folgendes vor:

Sie halten 100.000 Euro in druckfrischen Scheinen in Ihren Händen. Spüren Sie die Erhebungen? Sie halten die Geldscheine ganz nah an Ihre Nase. Sie fächern das Bündel vor Ihrem Gesicht hin und her und verinnerlichen ein wohltuendes Gefühl dabei. Sehen Sie das Geld schon aus Ihrem Portemonnaie in Ihre Hände gleiten?

Schritt 2: Angenommen ich schenke Ihnen das Geld – ein kleines Vermögen. Und das ganz ohne Gegenleistung. Niemand weiß etwas von diesem Geldgeschenk, das nur für Sie persönlich bestimmt ist. So, und jetzt mal Hand aufs Herz und dabei ganz ehrlich sein. Was würden Sie mit dem Geld anfangen? Die Summe ist ja nicht so gewaltig groß, dass Sie keine Ideen zum Ausgeben hätten, stimmts? Überlegen Sie. Wie würden Sie das Geld „verpulvern"? Sie müssen nur eine einzige Bedingung erfüllen: Der gesamte Betrag muss innerhalb von sieben Tagen bis auf den letzten Cent ausgegeben sein. Sollte es Ihnen nicht gelingen, alles auszugeben, wären Sie verpflichtet den gesamten Betrag wieder zurückzugeben. Also, bringen Sie bitte alles „unter die Leute" und tragen Sie Ihr Ergebnis in die folgende Tabelle ein. Sie haben fünf Minuten dafür Zeit.

Wie geben Sie 100.000 Euro aus?	Betrag in Euro

_____   _____

_____   _____

_____   _____

_____   _____

_____   _____

_____   _____

_____   _____

_____   _____

TOTAL ausgegeben   _____

Auswertung:

In Ordnung. Haben Sie das ganze Geld ausgegeben?

Gut, dann analysieren wir gemeinsam, welche Ausgaben Ihr Wunsch-Lebensstil beinhaltet.

Zählen Sie sämtliche Beträge zusammen, die für Sie Luxus sind oder für Freizeit und Vergnügen ausgegeben wurden:

Gesamtausgaben Luxus und Freizeit	_____ €	_____%

Addieren Sie jetzt alle Beträge, die für Dritte (also nicht für Sie selbst) bestimmt waren:

Gesamtausgaben für andere	_____ €	_____%

Nun addieren Sie alle Ausgaben, die mit Investitionen in die Zukunft verbunden waren: Beträge, deren Wert sich durch eine Anlage oder einen bestimmten Einsatz steigern und Ihnen weiteres Geld, Zinsen oder ein zusätzliches Einkommen bringen soll.

Gesamtausgaben für die Zukunft	_____ €	_____%

Nun die Restbeträge, die nicht zuzuordnen waren.

Gesamtausgaben ohne Zuordnung	_____ €	_____%

Übertragen Sie die Prozentsätze in die nächste Tabelle. Wie viel Prozent haben Sie für Ihre Zukunft und für Ihre finanzielle Unabhängigkeit budgetiert? Wie viel setzten Sie für Luxus und Freizeit ein?

	Art der Ausgabe:	Ergebnis in %
A	Luxus und Freizeit	
B	Ausgaben für Dritte	
C	Investitionen	
D	Nicht zuzuordnen	
	Total	**100%**

Diese Auswertung sagt viel über Ihre finanziellen Wünsche aus. Schauen wir uns die Zeile C – Ihre Investitionen in die Zukunft – nochmals genauer an. Sie ist sehr wichtig, um herauszufinden, welchen Wert finanzielle Angelegenheiten für Sie heute haben. Anhand der Prozentzahl können Sie sich nämlich in einen der folgenden Geldtypen einordnen.

Zeile C: 0% bis 15%
Sie sind eindeutig ein „ICH-LEBE-HEUTE"-Typ. Sie vernachlässigen Ihre Zukunft oder sie bedeutet Ihnen nichts. Wäre es nicht auch möglich gewesen, mit 50% Konsumausgaben genauso viel Spaß zu erleben und die anderen 50% in sinnvolle Investitionen zu stecken, die Ihnen Einkommen bringen? Keine Sorge, denn Sie stehen nicht alleine. Viele Testteilnehmer sind sicher in dieser Kategorie wiederzufinden. Lassen Sie uns mit diesem Buch etwas daran arbeiten.

Zeile C: 16% bis 40%
Sie sind auf einem guten Weg. Ihnen war es wichtig dem Konsum nicht völlig zu erliegen, sondern auch an morgen und übermorgen zu denken. Natürlich kenne ich Ihre Vermögensverhältnisse nicht, aber ich schätze, dass Sie bereits eine kleine Sparsumme auf der Seite haben.

Zeile C: 41% bis 60%
Sie haben den wichtigsten Aspekt bemerkt, nämlich dass Sie für Ihre Zukunft sorgen müssen.

Behalten Sie Ihre Finanzen trotzdem weiter im Auge. Sie haben die Veranlagung zwischen Investition und Konsum zu schwanken. Vergeben Sie sich nicht die Chance, finanziell unabhängig zu werden.

Zeile C: 61% bis 80%
Meine Bewunderung für so viel Weitsicht. Sie investieren in die Zukunft und wollen trotzdem nicht auf Konsum verzichten. Ein äußerst gesunder Mix. Sie können sparen und trotzdem viel Spaß im Leben haben. Sie haben sich einen Platz im Boot der Vermögenden verdient.

Zeile C: über 80%
Entweder haben Sie diese Aufgabe zu Beginn schon durchschaut oder Sie verfügen bereits über ein sicheres Vermögensverständnis.

Testen können Sie Ihre Einstellung zu Geld auch mit der folgenden Checkliste. Was denken Sie über Ihr eigenes Geld?

🖉 Mit Geld …

- ☐ … gönne ich mir Lebensqualität.
- ☐ … habe ich Wahlmöglichkeiten: Ich muss nicht, aber ich kann.
- ☐ … verlieren kleine finanzielle Rückschläge an Bedeutung.
- ☐ … bin ich frei von Konsumcodes und Pflichten.
- ☐ … habe ich ein reichhaltiges Leben mit viel Spaß und Freude.
- ☐ … ist mein Leben intensiver.
- ☐ … kann ich interessante Menschen kennen lernen.
- ☐ … kann ich anderen Menschen helfen.
- ☐ … kann ich ich meine Prioritäten im Leben auf die wirklich wichtigen Dinge konzentrieren.
- ☐ … muss ich nicht jedem gefallen und bin unabhängig.
- ☐ … erhalte ich wichtige Beziehungen und öffne mir Türen.
- ☐ … kann ich mir Luxus ohne Reue gönnen.
- ☐ … verspüre ich weniger Ängste.
- ☐ … reift mein Bewusstsein.
- ☐ … erreiche ich mehr Erfolg und Zufriedenheit.
- ☐ … bin ich glücklich.
- ☐ … habe ich viel mehr Möglichkeiten mich auszuleben.
- ☐ … habe ich eine unterstützende Kraft für meine Familie und mich selbst.
- ☐ … erhöhe ich die Qualität meiner Beziehungen zu anderen Menschen.

Interessant ist an dieser Stelle der Blick auf diejenigen, die bereits mehr aus Ihrem Geld gemacht haben: den Reichen, den Vermögenden. Was ist für Sie Geld und Vermögen? Vergleichen Sie Ihre Einstellung mit deren Denkweise.

Bedienen können wir uns dabei der Fachausdrücke aus der Buchhaltung: Aktiva und Passiva.

Anstatt die Passiva (Schulden und Verbindlichkeiten) zu erhöhen, bilden Vermögende mit ihrem Einkommen Aktiva, die eine Wertsteigerung darstellen oder weiteres Einkommen bilden. Die meisten Menschen würden z.b. den Kauf von Immobilien eindeutig auf die Seite der Aktiva setzen. Bringt dieser Kauf zunächst aber erst einmal zusätzliche Zahlungsraten oder Schulden, die das monatliche Einkommen belasten, werden diese demzufolge der Rubrik Passiva zugeordnet. So ist auch ein teures Auto ein Passivposten, wenn der Wagen noch finanziert wird oder geleast ist. Zahlungs- oder Leasingraten gehen von unserem Einkommen weg. Reichere zählen folgerichtig nur das zu den Aktiva, was entsprechend Einkommen verschafft und wirklich vermögend macht.

Vermögensverständnis von Reicheren	
Aktiva-Seite	**Passiva-Seite**
Vermietete Immobilien	Zahlungs- und Leasingraten für Konsumgüter (z.B. Auto)
Wertpapiere	Bankschulden
Beteiligungen	Miete und Hypotheken
Zinsen aus Geldanlagen	Immobilien, die man zur Miete bewohnt
Geistiges Eigentum (Patentrechte)	
Lizenzrechte	
Sonstige Verträge, die Einkünfte ermöglichen	

Vermögensverständnis von Ärmeren	
Aktiva-Seite	**Passiva-Seite**
Immobilien die man zur Miete bewohnt	Bankschulden
Noch nicht komplett finanzierte Konsumgüter (z.B. Auto)	Kredite
Wohnungseinrichtung	Unterhalt und sonstige Zahlungsverpflichtungen
Luxusartikel und Wertgegenstände	

1.2 Die drei Grundsteine für finanziellen Erfolg

Nicht immer können wir uns unseren Wunsch-Lebensstandard leisten. Es ist völlig natürlich, dass wir etwas für unser Prestige tun und Anerkennung suchen. Dazu verwenden wir Statussymbole der verschiedensten Art und hoffen, uns damit aus der Masse hervorzuheben. Aber leider verläuft unsere Karrierelinie nicht immer schnurstracks nach oben. Wie kann Lebensqualität auch dann verbessert werden, wenn die Dinge nicht unseren Erwartungen gemäß laufen, wenn das Schicksal uns eine Pechsträhne zuteilt? Wenn unser Einkommen weniger wird? Wir unseren Job verlieren oder unser Geschäft nicht gut läuft? Wenn unser Boss Stellenstreichungen ankündigt? Wenn wir unerwartet Rückschläge einstecken müssen und finanziell außer Atem kommen? In solchen Momenten müssen wir unser Leben neu organisieren, indem wir unsere Situation nicht verleugnen und statt dessen nach neuen Wegen suchen.

Nicht nur für diese Neuorganisation, sondern für jede kontinuierliche Vermögensvermehrung – und damit für den Schritt in Richtung Ihres Wunsch-Lebensstils – können Sie mit den folgenden drei Grundsteinen arbeiten.

Grundstein 1: Werte und Einstellungen
Grundstein 2: Angewandtes Wissen
Grundstein 3: Suche nach Gelegenheiten

Grundstein 1: Werte und Einstellungen

Vorarbeit für diesen Grundstein haben Sie schon mit dem Herausfinden Ihres Wunsch-Lebensstils geleistet. Hier gilt es jetzt anzusetzen.

Die meisten Menschen arbeiten für ihr Geld. Nur sehr wenige lernen, wie man Geld schließlich für sich arbeiten lässt. – Immer wenn ich diesen Satz gebrauche, schütteln viele meiner Zuhörer fassungslos den Kopf. Vor allem, wenn sie selbst Jahrzehnte „schufteten" und trotzdem nichts „auf der hohen Kante" haben. Viele hoffen auf die gesetzliche Rente und glauben, damit finanziell über die Runden zu kommen. Wenn es diese Menschen dann schaffen, gesund das Rentenalter zu erreichen, werden sie sicher ärgerlich darüber sein, wie wenig ihnen noch bleibt. Es steht außer Frage, dass alles teurer wird. Aber sehen Sie gerade dies als Denkanstoß: Es ist höchste Zeit, an Ihrer Einstellung zum Thema Geld zu arbeiten und einen gesunden Drang nach Wohlstand zu entwickeln. Nutzen Sie dazu die folgende Abbildung.

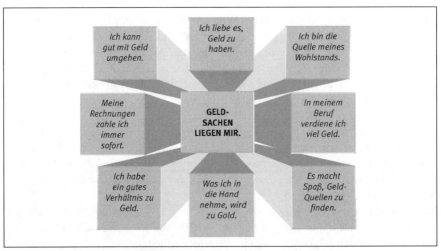

Wie ist Ihre Einstellung zu Geld?

Um Ihren Wohlstand zu erhöhen und die im ersten Teilkapitel genannten finanziellen Wünsche zu verwirklichen, müssen Sie daran glauben, dass Sie wohlhabend werden können. Wir brauchen das natürliche Gefühl von Machbarkeit, handfeste Beweise, ja sogar triftige Erklärungen und echte Zuversicht. Und dies ist nicht auf Kommando abrufbar. Intensive Anstrengung und sehr viel Zeit sind dafür nötig.

Auch ein Geigenvirtuose übt jahrelang und lernt ständig dazu, bevor er wie Paganini spielen kann. Es reicht leider nicht aus, ein Buch über Finanzen und Geld flüchtig zu lesen, den Kopf zur Seite zu neigen und etwas Weihrauch zu schnuppern, um Zuversicht zu entwickeln. Sie müssen hart daran arbeiten. Und doch können Sie viel mit Glauben erreichen, wie Ihnen die folgende Geschichte zeigt:

✗ Die Eliteklasse:

Eine Forschungsgruppe an der amerikanischen *Stanford University* führte zusammen mit der Universitätsleitung ein noch nie da gewesenes und gewagtes Experiment durch. Mit einer knappen Vorlaufzeit wurde eine angebliche Eliteklasse an der Universität zusammengestellt. Die besten Schüler aus allen Semestern sollten in einer Spezialgruppe zusammengezogen werden. Diese Klasse wurde mit der Lösung denkbar kniffliger Wirtschaftsaufgaben beauftragt. Pikanterweise wurde die Spezialklasse zudem von den besten Lehrern der Universität unterrichtet und gefördert. Nach einem Jahr war es dann soweit. Die Klasse konnte für überdurchschnittlich gute Noten und für ihre von Fachkreisen anerkannten Antworten auf sehr anspruchsvolle Wirtschaftsfragen ausgezeichnet werden. Die Forschungsgruppe und die Studenten wurden über die Landesgrenzen hinaus bekannt und wochenlang in den Medien gefeiert. Am Ende des Semesters wurden alle Studentinnen und Studenten sowie der gesamte Lehrkörper und alle lokalen Medien zu einer imposanten Abschlussfeier in die universitätseigene *Hall of Fame* eingeladen. Der Vorsitzende der Forschungsgruppe trat an die Mikrophone und bedankte sich für das Engagement der Schüler und der Lehrer.

„Es wurde wirklich Unglaubliches geleistet und Sie alle können stolz darauf sein. Alle unsere Erwartungen wurden übertroffen. Bevor wir zu den Ergebnissen kommen, möchten wir Sie über unser kleines Experiment aufklären." Der Sprecher räusperte sich lautstark, senkte seinen Kopf und strich sein graues Haar glatt nach hinten.

„In Wirklichkeit handelte es sich bei dieser Klasse nicht um die besten Schüler, sondern die Studentinnen und Studenten wurden – ohne es zu wissen – zufällig per Los in diese Klasse gewählt."

Ein Raunen ging durch den Saal und dann wurde es ganz still. Nach einer Weile stand einer der Lehrer entschlossen auf und rief in Richtung Podium. „Wir verstehen, aber wir, die besten Lehrer der Universität haben uns dieser Klasse angenommen und sie voran gebracht und daraus begründet sich offensichtlich der Erfolg."

Der Sprecher der Forschungsgruppe hob langsam seine buschigen Augenbrauen, schüttelte den Kopf und erwiderte knapp: „Tut mir leid. Auch die Lehrer wurden per Los gezogen".

Wie können Sie diesen inneren Glauben aktivieren? Eine der besten Strategien, die ich kennen gelernt habe, ist einfach, universell einsetzbar und leuchtet ein: Schreiben, Schreiben, Schreiben. Kaufen Sie sich ein leeres Buch (kein Block oder Heft), sondern ein richtig schön gebundenes Buch, z.B. mit Goldschnitt, und leeren Seiten. Erwerben Sie zudem einen edlen Füllfederhalter mit breiter Schreibfeder, um die blaue Tinte wie in alten Zeiten aus dem Tintenfässchen aufzuziehen. Zelebrieren Sie die Minuten, in denen Sie zur Feder greifen. Beschriften Sie das Buch, wenn Sie möchten mit den Worten: Mein persönliches Buch.

Um inneren Glauben zu entwickeln, beginnen Sie damit, aufzuschreiben, wie Sie mit Ihrem Geld umgehen – täglich, am besten jeden Abend an einem ruhigen Ort. Welche guten und neuen Erfahrungen haben Sie heute zum Thema Finanzen gemacht? Vielleicht lernten Sie dabei interessante Menschen kennen? Vielleicht überprüften Sie Ihren Finanzplan oder konnten eine Einsparung vornehmen, auf die Sie besonders stolz sind? Brachten Sie jemand dabei zum Lachen oder unternahmen Sie etwas für Ihre berufliche Zukunft? Welche Ideen für Ihren Erfolg kamen Ihnen heute in den Sinn? Haben Sie vielleicht ein gutes Zitat zum Thema Geld gehört, das sich lohnt, notiert zu werden? …

Es werden Tage kommen, an denen Sie an alles andere denken als in Ihr Geld-Buch zu schreiben oder es ist einfach nichts passiert. Das ist vollkommen in Ordnung und gibt Ihnen Gelegenheit in Ihrem Buch zu lesen. Blättern Sie ruhig zurück und lesen Sie die Eintragungen, die Monate her sind. Schreiben Sie nur für sich selbst. Niemand anders wird diese Zeilen jemals zu Gesicht bekommen. Trauen Sie sich ruhig, auch Ihre Gefühle festzuhalten.

Der Schlüssel zum Erfolg ist hier das Resümee. Fassen Sie – am besten an jedem Sonntagabend – die vergangenen Tage zusammen und zelebrieren Sie Ihre Etappenerfolge genüsslich mit einem guten Glas Wein oder einer anderen Belohnung. Scheuen Sie sich nicht nach einer gewissen Zeit Zwischenbilanz zu ziehen, um erste Erfolge zu überprüfen.

Und wozu das Ganze? Sie sammeln damit Beweise. Beweise, die Sie brauchen, um an finanziellen Erfolg zu glauben. Schon nach kurzer Zeit steigt Ihre Zuversicht und Ihr Glaube an sich selbst und Sie verspüren, wie „finanzielle Intelligenz" in Ihnen heranwächst, sich Ihre Werte und Einstellungen zu Geld und Vermögen positiv verändern.

Denken Sie nochmals daran: Wir alle haben nicht in einer Stunde das Laufen gelernt. Nehmen Sie sich die Zeit, die Sie brauchen. Dies hilft nicht nur ein höheres Selbstbewusstsein zu entwickeln, sondern schafft zudem anhaltende Zuversicht.

Alle Zweifler möchte ich an dieser Stelle auffordern, diese Technik mindestens sechs Wochen unvoreingenommen zu testen. Sie werden danach sicher überzeugt sein.

Der Glaube an Ihre Fähigkeiten und Talente wird Sie mit der Zeit bewusster über Ihre finanzielle Situation nachdenken lassen. Vergessen Sie nicht, dass uns andere Menschen stärker beeinflussen, als wir es wahrhaben möchten. Halten Sie deshalb konsequent an Ihrem Plan und an Ihrem inneren Dialog fest. Gewöhnen Sie sich daran, täglich jeder kleinen Finanzaufgabe mutig entgegenzutreten, auch wenn Sie nicht wissen was die nächsten Wochen bringen werden. Selbstbewusst und sicher, werden Sie Ihren eigenen Weg zum richtigen Umgang mit Geld finden.

So richtig schwierig wird es, wenn Sie abgelenkt werden und das Gefühl hegen, andere, wichtigere Dinge zuerst erledigen zu müssen. Vor dieser Falle kann ich Sie nur warnen, denn jeder tappt einmal hinein. Selbst bei noch so unerwarteten Stolpersteinen sollten Sie bewusst kleinere Probleme konsequenter und schneller klären. Halten Sie sich dann wieder Ihren persönlichen finanziellen Traum vor Augen und lassen Sie sich durch Kleinigkeiten nicht aus der Bahn werfen. Der Ehrgeiz, etwas aus Ihrem Leben zu machen, ist Ihr Verbündeter.

Der Glaube an sich selbst bewirkt bekanntermaßen Wunder. Unterliegen Sie aber nicht dem Irrtum anzunehmen, dass Sie bereits nach wenigen Wochen Bäume schütteln können und es daraufhin Geldscheine herab regnet oder sie Ihre Schulden vollständig los sind. Und vergessen Sie nicht, dass Sie Aktivitäten, die Ihnen dieses Buch noch aufzeigt, entwickeln müssen. Sie kennen ja des Teufels liebstes Möbelstück: „Auf die lange Bank schieben". Warten Sie also nicht bis irgend etwas von alleine passiert.

Sie werden im Lauf der Zeit eine große Veränderung in Ihrer Einstellung zum Thema Geld feststellen können. Gleichzeitig trainieren Sie mit jedem Eintrag in Ihrem Buch den „Entscheidungsmuskel": die Entscheidung, Ihr Leben aktiv zu gestalten. Denn Sie entscheiden täglich über Erfolg oder Misserfolg.

> **Tipp:** Erfolgsbücher zu führen ist nicht leicht und wer nur als Alibi für fehlende Aktivitäten ein leeres Buch kauft und nur die ersten zehn Seiten füllt, wird keinen Schritt vorwärts, sondern rückwärts gehen.

Grundstein 2: Angewandtes Wissen

Natürlich können Sie über 300 Bücher lesen, 30 Seminare besuchen und danach trotzdem erfolglos bleiben. Es wird Ihnen wenig nützen, sämtliche tägliche Börsenkursschwankungen im Kopf zu haben, wenn Sie dieses Wissen nicht nutzbringend anwenden können. Viele kommen deshalb finanziell nicht voran, bleiben stehen und laufen Gefahr, Ihr Vermögen in naher Zukunft zu verlieren. Darunter sind auch Hochschullehrer und anerkannte Professoren – wahre Meister der Theorie –, die trotzdem im Leben kläglich scheitern und finanziell keinen Erfolg verbuchen.

Warum ist die Kluft zwischen Wissen und Handeln so groß, ja scheinbar für die Mehrzahl unüberwindbar? Der Grund dafür ist die Angst zu versagen. Sie stellen sich die Frage: „Was ist, wenn meine Strategie fehlschlägt, etwas schief geht oder meine Rechnung nicht aufgeht? Die Wahrheit ist: Sie müssen lernen mit dem Risiko – und gerade mit dem finanziellen Risiko – umzugehen. Jede Ihrer Handlungen birgt Risiken. Risiken gehören zum Leben. Ob Sie nun am Straßenverkehr teilnehmen, Sport treiben oder eben etwas für Ihren finanziellen Wohlstand tun. Jeder möchte bekanntlich in den Himmel, aber keiner will sterben.

Gegen eine vorsichtige Einstellung und ein besonnenes Handeln ist nichts einzuwenden. Risiken sind meist im Voraus planbar und es können Vorkehrungen getroffen werden, damit es nicht zu einer Bruchlandung kommt.

Da das Thema Risiken gerade im Finanzbereich eine wichtige Rolle spielt, wird sich das Kapitel 1.4 genauer damit beschäftigen. Zuvor soll es aber um den dritten Grundstein für Ihren finanziellen Erfolg gehen.

Grundstein 3: Suche nach Gelegenheiten

Glück und Vermögen erzielen Sie, wenn Sie Gelegenheiten dafür schaffen und ihnen vorbereitet entgegen treten. Wie erreichen Sie das? Indem Sie sich für viele Themen interessieren und die richtigen Fragen stellen. Es geht darum, kreativ zu sein, besonders bei der Suche nach Lösungen für finanzielle Probleme. Aktivieren Sie deshalb lebendige Bilder und unterstützen Sie damit die Wahrnehmung für günstige Gelegenheiten. Ging es Ihnen nicht auch schon einmal so:

> **𝄞 Beispiel:**
>
> Anne hatte gerade ihr heiß ersehntes neues Auto erworben. Stolz und freude-strahlend fuhr sie durch ihren Wohnort. Und ausgerechnet da entdeckt sie an ei-ner Straßenecke das gleiche Modell, sogar noch in der gleichen Farbe. Vorher war sie sich sicher, ihre ausgesuchte Autolackierung nur im Katalog gesehen zu haben.

Genauso verhält es sich mit Gelegenheiten. Sobald Sie sich für ein Thema, einen Bereich besonders interessieren, nehmen Sie alle Informationen dazu wahr. Sie beginnen, bewusst und gezielt nach Gelegenheiten zu suchen. Werden Sie zu einem Auffangbecken für finanziellen Chancen! Die Kunst dabei ist, versteckte Gelegenheiten zu erkennen und aktiv zu werden.

Sie erkennen Gelegenheiten auch, indem Sie Ihre Angst vor Veränderung überwinden. Die meisten Menschen werden nicht aktiv, auch wenn sich das Ziel in Griffnähe befindet. Denn viele kämpfen mit der Angst vor dem Versagen.

Haben Sie Angst vor Erfolg? – Meiden Sie jede Art von Selbstsabotage. Hüten Sie sich vor der Angst, sich zu blamieren. Sehr viele Menschen, die ich kenne, hindern sich selbst daran viel Geld zu verdienen. Manchmal liegt es an den falschen Vorstellungen und an destruktiven Einstellungen. Einige denken, sie hätten es einfach nicht verdient.

Doch Angst hat auch durchaus positive Aspekte. Denn wir müssen uns dann so richtig „strecken" und wir werden dazulernen und an der Aufgabe wachsen. Herausforderungen, die Sie überfordern, können zum Scheitern des Vorhabens führen. Eine Herausforderung, die Sie unterfordert, wird dagegen langweilig. Suchen Sie deshalb die Balance zwischen Herausforderung und eigenen Fähigkeiten. Nur so schaffen Sie zielorientierte Ergebnisse.

Wenn Sie also auf günstige finanzielle Gelegenheiten treffen, dann kann ich Ihnen nur eines raten: Gehen Sie kurz in sich und sagen Sie dann einfach „JA", statt akribisch Gründe für das Weshalb und das Warum zu suchen. Nutzen Sie finanzielle Gelegenheiten, nehmen Sie Erfolg einfach an, ohne ein schlechtes Gewissen zu haben, wem auch immer gegenüber.

Gelegenheiten werden auch aus Faulheit nicht genutzt. „Schließlich arbeitet man acht Stunden am Tag. Danach will ich ausspannen und mein Privatleben genießen." Sie kennen diese „Erfolgsverweigerer" – Menschen die in Bezug auf Ihr finanzielles Fortkommen einfach nur zu faul sind? Achten Sie darauf: Ausspannen – JA, nichts tun – NEIN.

1.3 Finanzielle Ziele – Träumen erwünscht

Wer es schafft, sich selbst voranzutreiben und sich langfristig zu motivieren wird vermutlich Wohlstand erlangen. Leider regelt sich nichts von allein oder ohne unser Zutun. Wir brauchen gute Gründe, um jeden Morgen aus dem Bett zu kommen. Sammeln können Sie diese mit der folgenden Übung.

Definieren Sie Ihre Lebensziele. Es reicht nicht aus, sich eine nette Summe mit vielen Nullen vorzustellen. Mit einer großen Zahl und langweiligen Nullen können Sie nicht sehr viel assoziieren. Sie brauchen eine Verbindung zu Ihren Wünschen. Also definieren Sie Ihre Wünsche klar und deutlich. Springen Sie für diese Aufgabe einmal über Ihren eigenen Schatten und berücksichtigen Sie auch tief verborgene Träume, die für Sie heute unvorstellbar und nicht durchführbar erscheinen. Unterteilen können Sie Ihre Ziele in drei Bereiche:

1. Wirtschaftliche Ziele
2. Luxus, Belohnungen, Dinge, die Sie einmal kaufen möchten
3. Soziale Ziele

Fällt Ihnen nichts ein? Hier einige Beispiele für klar umrissene Ziele. In der darauf folgenden Übung können Sie Ihre individuellen Ziele festhalten.

X Beispiele:

Wirtschaftliche Ziele
- Schulden reduzieren
- einen besser bezahlten Job finden
- ein eigenes Restaurant eröffnen
- Sparkonten einrichten
- eine GmbH gründen
- eine Immobilie kaufen
- 50.000 Euro im Jahr verdienen
- einen Weinberg kaufen
- in das Top-Management aufsteigen
- den Dispokredit auf dem Girokonto ausgleichen

Luxus / Belohnung / Freizeit
- eine Weltreise machen
- einen Sportwagen kaufen
- Spanisch lernen
- Klavierunterricht nehmen
- einen Helikopterflug über Las Vegas erleben
- eine exklusive Uhr kaufen
- ein Appartement auf Mallorca kaufen
- Golf spielen lernen
- einen Wintergarten errichten lassen

Soziale Ziele
- ein Tierheim unterstützen
- eine Schule mit Büchern unterstützen
- den Vorstand im Ortsverein übernehmen
- bei Amnesty International mitarbeiten
- eine Stiftung gründen
- ein Kind adoptieren

🖉 Übung:

Ziele	Kurzfristig 24 Monate	Mittelfristig 3–5 Jahre	Langfristig 8–10 Jahre
Wirtschaftliche Ziele			
Luxus / Freizeit / Belohnung			
Soziale Ziele			

Haben Sie alle Träume notiert? Mit Sicherheit kamen auch Ideen zum Vorschein, die Sie ohne oder nur mit recht wenig Geld realisieren können.

1.4 Wie können Sie finanzielle Risiken begrenzen?

Wenn Du der Hahn auf dem Kirchturm sein willst, musst Du wissen, dass der Wind von allen Seiten weht.

Helmut Kohl

Wie bekannte Börsenhändler immer treffend formulieren: „Kalkulieren Sie das Risiko und begrenzen Sie Ihre Verluste." Was ist darunter zu verstehen? Dieser Satz lässt sich immer anwenden – im privaten oder geschäftlichen Bereich. So gehört z.B. bei einer Unternehmensgründung eine existenzsichernde Vorkehrung im Finanzplan dazu. Es ist eine wesentliche Aufgabe, das Risiko richtig einzuschätzen und sich abzusichern. Sorgen Sie dafür, dass Sie stets über genügend Liquidität verfügen (vgl. Kapitel 2). Genauso ist es – falls Sie selbstständig sind – Ihre Pflicht, privates Vermögen von geschäftlichen Finanzen strikt zu trennen. Ebenso grundlegend ist das Timing, das WANN. Begrenzen Sie die Verluste, bevor Sie Verluste erleiden. Das ist eine der wesentlichsten Bedingungen, wenn Sie richtig mit Geld umgehen wollen. Hier ein Beispiel für finanzielle Verlustbegrenzung.

[X] Beispiel: Gwendolins Start in die Selbständigkeit

Gwendolin erzählte ihrem Freund bei einem gemütlichen Abendessen von einem Zeitungsartikel, den sie neulich in einer Frauenzeitschrift entdeckte. Ein alt bewährtes Pflanzenprodukt überschwemme Europa hieß es. Gemeint war „Aloe vera". Ein Liliengewächs, welches einem Kaktus ähnlich sieht. Ein Naturprodukt, dem außergewöhnliche Vielfalt und Wirksamkeiten zugesprochen wird. Gwendolin beschrieb ihrem Freund auch die Möglichkeit mit diesem Produkt ein Geschäft zu gründen. Beide suchten schon längere Zeit eine Gelegenheit dafür, selbstständig zu werden.

Im redaktionellen Beitrag war auch die Rede von einer Partnerschaft mit dem Hersteller als Selbstständiger. Gwendolin und ihr Freund zögerten nicht lange und ließen sich die Geschäftsunterlagen ins Haus kommen, meldeten sich zum Informationsseminar an und sprachen ausführlich mit der Vertriebsfirma über Chancen und über eine Zusammenarbeit.

Beide würden im Falle einer Selbstständigkeit ein großes Risiko eingehen. Ihre bisherigen Jobs müssten Sie an den Nagel hängen, um das neue Geschäft seriös zu betreiben. Womöglich würde die Geschäftsgründung ihre gesamten finanziellen Reserven verzehren? Ferner bräuchten sie einen Kredit, um ihre Existenz in der Anlaufzeit zu finanzieren. Gwendolin und ihr Freund standen vor einer Zerreißprobe. Das Risiko, nicht erfolgreich zu sein, ließ beide nachdenklich werden. Schließlich fassten sie den Entschluss das Geschäft doch zu gründen und planten das Risiko so gut es ging mit ein.

Das finanzielle Risiko wurde in drei Teilbereiche untergliedert:
1. eigene Kredite und Zahlungsversprechen
2. ausstehende Forderungen an Kunden
3. Verlust des regelmäßigen Einkommens

Für jedes Szenario gab es einen Notfallplan oder bestimmte Vorkehrungen:

Zu 1.:
Für die Gründung des Geschäfts müssen Kredite von der Bank in Anspruch genommen werden. Durch den Kauf der Erstausstattung sowie den laufenden Wareneinkauf entstehen Verbindlichkeiten bei Lieferanten.

Zu 2.:
Glaubt man der Statistik, dann sinkt die Zahlungsmoral der Kunden für pünktliche Zahlungen von Jahr zu Jahr. Es muss also mit Verzögerungen bei den Zahlungseingängen oder mit Ausfällen von Kundenforderungen kalkuliert werden.

Zu 3.:
Die Einkommensquellen beider Gründer ständen nicht mehr zu Verfügung. Das Geschäft braucht in der Regel eine Anlaufzeit von mehreren Monaten, bis ein Verdienst erzielt werden kann. Zudem könnte sich die Anlaufzeit durch viele Faktoren bis zu einem Jahr ausdehnen. In dieser Zeit verfügen beide über kein oder nur über ein geringes Einkommen.

Gwendolin und ihr Freund standen vor einer Hürde. Nach vielen Verhandlungen mit dem Hersteller und Diskussionen untereinander stand folgendes Vorgehen fest:

Um das Risiko zu minimieren, starten beide von zu Hause aus. Somit entfallen hohe Mietkosten für Geschäftsräume. Anstatt ein großes Lager mit allen Produkten einzurichten, wurden zwei Vorführpakete geschnürt mit allen wichtigen Produkten. Die Logistik wurde direkt vom Hersteller übernommen. Nach der Verhandlung mit dem Hersteller war zudem klar, dass dieser zentral Zahlungs- und Mahnverfahren steuerte. Beide mussten sich nicht um Zahlungserinnerungen oder Buchhaltung kümmern. Beide erhielten monatlich Ihre Verkaufsabrechnung mit der Überweisung der Provision.

Ihre bisherigen Ersparnisse teilten Sie auf einen Horizont von 12 Monaten auf und sicherten damit Ihre Existenz. Ein entsprechender Bankkredit wurde vorerst nicht in Anspruch genommen.

Sämtliche Risiken wurden somit auf ein Minimum reduziert.

Wer über seine finanziellen Probleme lacht, ist entweder sehr tapfer oder gut versichert.

Lothar Späth

Zu einer soliden finanziellen Basis zählen auch notwendige und essenzielle Versicherungen. Was verstehen Sie unter Sicherheit? Einen Revolver kaufen, dicke Schlösser an den Türen anbringen und in eine sichere Gegend ziehen? Vielleicht sich noch mit einem hohen unüberwindbaren Zaun selbst einsperren und das Grundstück mit Nachtsichtkameras bestücken?

Es wird trotz größtmöglicher Vorsicht nicht möglich sein, sich gegen alle Eventualitäten im Leben abzusichern. Es birgt naturgemäß Risiken, sobald Sie einen Schritt vor die Haustür setzen. Mit einem durchdachten Versicherungsmix können Sie diese Risiken jedoch individuell eindämmen. Überprüfen Sie deshalb Ihren Versicherungsstatus. Füllen Sie die eigenen Versorgungslücken. Es ist immer wieder unglaublich, wie viele Leute sich selbst ruinieren, nur weil sie bei den Prämien für die Versicherungen ein paar Euro sparen wollen. Folgende Aufstellung soll Ihnen als grobe Grundlage dienen und hilft, die wichtigsten Risiken abzudecken. Allerdings erhebe ich keinen Anspruch auf Vollständigkeit.

Private Haftpflichtversicherung

Damit versichern Sie sich gegen Schadenersatzansprüche Dritter. Diese Versicherung ist so essenziell, da ein solcher Anspruch im Bürgerlichen Gesetzbuch festgelegt ist:

„Wer vorsätzlich oder fahrlässig das Leben, den Körper, die Gesundheit, die Freiheit, das Eigentum oder ein sonstiges Recht eines anderen widerrechtlich verletzt, ist dem anderen zum Ersatz des daraus entstandenen Schadens verpflichtet." (§ 823 BGB)

Private Haftpflichtversicherungen erhalten Sie bereits unter 120 Euro im Jahr.

Krankenversicherung

Vergleichen Sie hier die Leistungen und Beiträge der verschiedenen gesetzlichen Krankenkassen. Eine private Krankenversicherung ist meist nötig, wenn Sie in eine freiberufliche Tätigkeit oder Selbstständigkeit wechseln.

Hausratversicherung

Eine Hausratversicherung deckt das Risiko von Feuer, Elementarschäden und Einbruch ab. Die Prämien liegen je nach Versicherungssumme bei etwa 65 Euro pro Jahr. Wägen Sie vor Abschluss einer solchen Versicherung ab, ob Ihr Hausrat tatsächlich entsprechende Werte – also z.b. den neu gekauften Computer oder den Hobbykeller mit vielen Werkzeugen – aufweist, die eine Versicherung begründen. Diese Versicherung ist zwar nicht unbedingt nötig, aber empfehlenswert.

Berufsunfähigkeitsversicherung

Ob Sie angestellt oder freiberuflich bzw. selbstständig tätig sind – eine Berufsunfähigkeitsversicherung ist meiner Meinung nach eine der wichtigen Absicherungen für die Zukunft. Eine Versorgungslücke entsteht dann, wenn Sie berufsunfähig werden und Ihren Beruf nicht mehr ausüben können und damit kein Einkommen haben. Gesetzlich gesichert ist in einem solchen Fall nur noch eine so genannte **Erwerbsminderungsrente**. Wenn Sie z.B. bleibende Schäden davontragen und dauerhaft nur weniger als drei Stunden täglich arbeiten können, erhalten Sie monatlich die volle so genannte Erwerbsminderungsrente. Diese liegt allerdings nur, je nach Schwere der Invalidität, bei ca. 34 Prozent des letzten Bruttoeinkommens.

Checkliste: Die wichtigsten Versicherungen abschließen

☐ Private Haftpflichtversicherung
☐ Gesetzliche bzw. private Krankenversicherung
☐ Hausratversicherung
☐ Berufsunfähigkeitsversicherung

Vergleichen Sie bei Ihrer Auswahl des Versicherers die Prämien von mindestens drei verschiedenen Anbietern.

Welche Versicherungen können Sie sich sparen? Nun, das hängt ganz von Ihrer persönlichen Lebenssituation ab. Den Abschluss folgender Versicherungen sollten Sie deshalb besonders gründlich prüfen:

Rechtsschutzversicherung

Diese Versicherung sichert Sie und Ihre Familie für den Fall juristischer Streitereien ab. Schließlich kann es teuer werden, den eigenen Rechtsanspruch auch durchzusetzen: Anwaltskosten, Gerichtskosten usw. Die Rechtsschutzversicherung ist relativ günstig, der Leistungsumfang der Anbieter ist meist ähnlich.

Kapitallebensversicherung

Diese Versicherung sei hier genannt, da sie eine vielgeliebte Form der Altersvorsorge ist. Für Ihre Vorsorge und Geldanlage ist es sinnvoll, hier auch alternative Möglichkeiten zu nutzen, auf die in diesem Buch noch eingegangen wird (vgl. Kapitel 6). Sprechen Sie dazu mit einem Versicherungsberater (dieser ist nur für die Beratung zuständig, Vermittlung und Verkauf sind untersagt) oder Ihrem Versicherungsmakler.

1.5 Ein finanzieller Ausblick

Um die eigenen finanziellen Ziele zu realisieren, ist der Ausblick in die Zukunft nötig. Riskieren Sie deshalb einen Blick in eine viel versprechende und rosige Zukunft, statt träge zu werden. Setzen Sie sich in Bewegung, statt vor dem Fernseher zu sitzen: Nehmen Sie sich vor, sich jeden Abend mit mindestens einer Teilaufgabe zu beschäftigen, die Sie näher an Ihre erwünschte finanzielle Zukunft bringt.

Jeder von uns muss einen Ausblick in die Zukunft wagen und sich selbst fragen. „Will ich in 10 Jahren noch immer dieser Tätigkeit nachgehen und bin ich in 10 Jahren noch mit meiner heutigen Lebenssituation zufrieden?"

Wenn nein, öffnen Sie die Augen, beseitigen Sie die Blockaden, die Sie am verdienten Erfolg hindern, und beginnen Sie am besten sofort mit der Planung Ihres künftigen Lebens.

Für einen kurzen Zeitraum können Sie keine Wunder erwarten. Deshalb sollten Sie sich für Ihren finanziellen Ausblick ruhig einen Zeitraum von bis zu 20 Jahren „gönnen". Schaffen Sie sich dabei eine Vision, an die Sie glauben können. Nehmen Sie einfach an, Sie würden ewig leben. Setzen Sie sich keine Altersgrenze. So viele Menschen wurden erst aktiv im hohen Alter. Setzen Sie sich also nicht zu stark unter Zeitdruck im Erreichen Ihrer finanziellen Ziele, sondern in Bezug auf den **Beginn** Ihrer Aktionen.

Ab wann sind Sie richtig vermögend? Um herauszufinden, ab wann Sie vermögend sind, greifen Sie auf Ihr erstes Ergebnis zurück: Zu Beginn dieses Kapitels haben Sie Ihren eigenen Wunsch-Lebensstandard identifiziert und Ihre Ziele benannt. Wie viel Geld benötigen Sie, um diesen auch wirklich zu realisieren?

Sie sehen, in Wirklichkeit benötigen Sie keine Millionen um vermögend zu sein. In den meisten Fällen genügt bereits eine viel geringere Summe für ein angenehmes und manchmal auch üppiges Leben. Das ist natürlich abhängig von den Wünschen jedes Einzelnen.

Nachdem Sie in diesem ersten Kapitel an Ihrer Einstellung zum Thema Geld und Vermögen erfolgreich gearbeitet haben, wissen Sie: Mit dem Erreichen finanzieller Unabhängigkeit ist eine gesunde Einstellung zu Geld verbunden.

> Es gibt keine Formel, die Sie auswendig lernen können, um viel Geld zu machen. Vermögen lässt sich nicht herbeibeschwören. Eine finanziell rosige Zukunft stellt sich dann ein, wenn wir es verstehen auch emotional zu wachsen und unsere Einstellung positiv zu verändern:
>
> Jeder von uns kann vermögend werden.

2 Jeder kann vermögend werden

Geld tanzt mit jedem, der ihm ehrlich ins Gesicht schaut.

J. W. von Goethe

Finanziell gesehen, sollten Sie die Vergangenheit vorläufig vergessen und sich auf das Leben im Heute konzentrieren. Planen Sie Ihre finanziellen Ziele neu. Beginnen Sie heute mit Ihrem neuen Spar-, Finanz- und Investitionsleben. Dieses Kapitel wird Ihnen womöglich den größten Nutzen in diesem Buch bringen, denn mit den nächsten Seiten können Sie Ihren ganz persönlichen Finanzkompass entwerfen.

2.1 Wie viel Geld brauchen Sie wirklich?

Schaffen Sie sich zuerst eine Übersicht über Ihre Ausgaben und Einnahmen. Sie erfahren dadurch drei wesentliche Dinge:

1. Die Einnahmen- und Ausgabenübersicht macht deutlich, wo Ihre eigenen Ausgaben einfach zu hoch sind. Identifizieren Sie die eigentlichen „Geldvernichter". Durch die vollständige Aufstellung Ihrer Einnahmen und Ausgaben erhalten Sie einen detaillierten Überblick, wo Ihr Geld herkommt und wohin es fließt.

2. Sie werden Lücken entdecken, an die Sie vorher nicht gedacht haben und meiden damit in Zukunft böse Überraschungen wie unerwartet eintreffende Rechnungen.

3. Allein durch das Aufschreiben aller Einnahmen und Ausgaben werden Sie weniger ausgeben. Denn durch das Verinnerlichen aller Kostenverursacher ändern Sie Ihr Kaufverhalten – Ihr Geldbewusstsein ist aktiv.

Erst diese Berechnung der Einnahmen und Ausgaben zeigt Ihren derzeitigen tatsächlichen Lebensstandard. Hier geht es nicht um mühselige Erbsenzählerei, sondern um Professionalität in finanziellen Angelegenheiten. Mit den Ergebnissen lassen sich künftige Planungen durchführen, die auf Ihrer tatsächlichen Finanzsituation basieren und somit durchaus realistisch werden. Stochern Sie finanziell gesehen nicht länger im Nebel. Identifizieren Sie Ihre Geldvernichter und optimieren Sie so Ihre Finanzen, indem Sie Ihre Einnahmen und Ausgaben erkennen und damit fest in den Griff bekommen.

Das Erstellen einer Einnahmen-/Ausgabenübersicht ist ein Kinderspiel, denn es gibt nur eine einzige Rechenaufgabe:

Einnahmen weniger Ausgaben = Flüssige Geldmittel
Flüssige Geldmittel = Sparkapital

Diese flüssigen Geldmittel sind das, was in der Wirtschaft **Liquidität** genannt wird. Ein liquides Unternehmen kann demnach allen seinen laufenden Zahlungsverpflichtungen nachkommen. Eintreffende Rechnungen können mit den laufenden Einnahmen gedeckt werden. Auch für Sie sollte es Ziel sein, „unterm Strich" einen Zahlungsmittelüberschuss – ein Plus – zu erreichen.

Lassen Sie uns diese Analyse gemeinsam erstellen. Die folgende Übung kann Ihnen helfen, alle Ihre Einnahmen und Ausgaben im Haushalt zu lokalisieren und darauf aufbauend in einem Finanzplan für kommende Monate entsprechend zu berücksichtigen. Bedenken Sie, diese Analyse ist nicht die Grundlage Ihrer zukünftigen, sondern lediglich die Darstellung Ihrer heutigen Finanzsituation. Damit auf der Basis der Ist-Situation eine vorausschauende Betrachtung möglich wird, müssen alle bisherigen Einnahmen und Ausgaben, z.B. für den letzten Monat, erfasst werden (Ist-Zustand). Später wird nach dem gleichen Schema der Finanzplan für kommende Monate erstellt (Soll-Zustand), der wiederum im Nachhinein mit den tatsächlichen Einnahmen und Ausgaben des Monats verglichen werden kann, um so eine laufende Haushaltskontrolle zu erreichen.
Da viele Ein- und Ausgaben monatlich anfallen, ist hier als Zeitrahmen für den Finanzplan ein Monat die Grundlage. Dabei ist zu beachten, dass ein Teil der Ausgaben nicht monatlich anfällt (z.B. Kfz-Steuer). Diese sollten dann auf mehrere Monate verteilt werden oder dafür eine entsprechende Rücklage gebildet werden. Der Finanzplan kann aber auch als Gesamtüberblick für andere Zeiträume, z.B. ein Halbjahr oder ein Jahr aufgestellt werden. Und los geht's.

🖉 **Machen Sie Kassensturz**	
Monatliche Einnahmen	**Euro**
Angestellte: Nettogehalt = Nettoeinkommen	....
Selbstständige: Privatentnahme	
./. Steuer- und Versicherungszahlungen	
= Nettoeinkommen	....

Monatliche Einnahmen		Euro
Angestellte und Selbstständige	Nebenberufliche Tätigkeit	....
	Renten, Pensionen, Versicherungsleistungen	....
	Mieteinnahmen	....
	Öffentliche Leistungen (z.B. Kindergeld, Wohngeld)	....
	Sonstiges	....
	Sonstiges	....
	Sonstiges	....
Summe Einnahmen		....

Anmerkungen:

• Selbstständige und Freiberufler müssen bei der Ermittlung Ihres Nettoeinkommens Einkommensteuervorauszahlung sowie andere zu leistende Versicherungsbeiträge von Ihrer Privatentnahme abziehen.
• Auch bei den Positionen *Renten, Pensionen, Versicherungsleistungen* sind evtl. Steuerzahlungen abzuziehen.

Monatliche Ausgaben		Euro
Wohnen zur Miete:	Miete	....
	Nebenkosten (Strom, Heizung, Wasser ...)	....
Wohneigentum:	Tilgung und Zinszahlung	....
	Nebenkosten (Strom, Grundsteuer, Umlage ...)	....
Haus und Wohnung: Reparaturen und Instandhaltung		....
Lebensmittel (ohne Kleidung)		....
Kleidung		....
Haushaltsanschaffungen		....

Monatliche Ausgaben	Euro
Medikamente / Körperpflege /Friseur / Kosmetik Zeitschriften und Büromaterial / Bücher / Weiterbildung / Computerzubehör Telefon (Festnetz, mobil, Internetanschluss)	....

Fahrzeug   Benzin
                          Leasingraten /Finanzierungsraten
                          Reparaturen und Instandhaltung
	....
	....
	....

Bus /Bahn / Öffentlicher Verkehr Tierhaltung (z.b. Arztrechnungen) Sport und Hobby (z.B. Vereinsmitgliedsbeiträge) Ausgehen (z.b. Kino, Restaurant) Urlaub / Reisen Versicherungsbeiträge Kredittilgung Leistungen für Kinder (z.B. Unterhalt, Ausbildungsfinanzierung) Sonstiges Sonstiges Sonstiges	....
Summe Ausgaben	....

Anmerkungen:

- Nebenkosten: Sie spielen – egal, ob Sie zur Miete wohnen oder Wohneigentümer sind – eine bedeutende Rolle, sie machen oft einen enormen Ausgabenposten aus. Wohnungseigentümer zahlen als zusätzliche Belastung hier die Umlage an die Eigentümergemeinschaft, die der Werterhaltung des Eigentums dient. Je nach Regelung in den Kommunen und dem abgeschlossenen Mietvertrag erfolgt die Abrechnung der einzelnen Nebenkosten unterschiedlich (z.B. beim Müll). Achten Sie hier darauf, auch alle Nebenkosten zu erfassen.
- Haus und Wohnung: Hier sollten monatlich nur Ausgaben für Schönheits- bzw. Kleinstreparaturen (bis ca. 100 Euro) erfasst werden. Notwendig ist jedoch parallel die Überlegung, hier Rücklagen für Renovierung u.Ä. (z.B. bei Auszug) zu

bilden. Eigentümer müssen bei Ihrer Rücklagenbildung zusätzlich Werterhaltung und nötige Sanierungsaufwendungen berücksichtigen.

- Haushaltsanschaffungen: Auch hier sollte ein kleiner monatlicher Betrag reichen. Für größere Anschaffungen (z.B. eine Waschmaschine) sind wieder Rücklagen zu bilden.
- Zeitschriften ...: Der monatliche Betrag für den Computer enthält auch hier ausschließlich Zubehör (z.B. CD-ROMs, Druckerpapier usw.).
- Fahrzeug: Hier ist – wenn in Familien vorhanden – der Zweitwagen mit zu erfassen. Versicherungsbeiträge sind, falls Sie nicht monatlich anfallen, aufzuteilen. Für größere Reparaturen und Neuanschaffungen sind wieder getrennt vom monatlichen Betrag Rücklagen zu bilden.
- Versicherungsbeiträge: Hierzu zählen die nötigsten Versicherungen wie Haftpflicht, Hausrat, Berufsunfähigkeit usw. Zu beachten sind hier auch Versicherungsbeiträge für die Altersvorsorge (z.B. Direktversicherung oder private Riester-Rente).
- Kredittilgung: Die Position enthält vor allem laufende Konsumkredite. Tilgungen für Haus oder Auto sind in den jeweiligen Positionen vorher bereits berücksichtigt.

Stellen Sie nun Ihre Einnahmen und Ausgaben gegenüber:

Summe Einnahmen (Übertrag aus 1.)	....
Summe Ausgaben (Übertrag aus 2.)	....
Differenz (Überschuss oder Fehlbetrag)	....

Geschafft?

Das Ergebnis ist im positiven Fall Ihr monatlicher Überschuss, im negativen Fall Ihr Fehlbetrag. Wenn Sie Ihre Erfassung gewissenhaft und vollständig ausgefüllt haben, wird unter Umständen nur ein kleiner positiver Betrag in der letzten Zeile *Differenz* als Ergebnis erscheinen. Glauben Sie mir, das macht nichts. Es ist ein guter Anfang und dieser Betrag wird zusehends wachsen.

Bei einigen von Ihnen wird vielleicht ein Minusbetrag herauskommen. Das ist ein sicheres Zeichen dafür, dass Sie über Ihren Verhältnissen leben und Schulden produzieren. Sie geben mehr aus, als Sie einnehmen. Wie lange kann das noch gut gehen? Jedoch ist dieser Umstand noch kein Grund frühzeitig zu resignieren. Arbeiten Sie jetzt erst recht mit diesem Buch.

Blättern Sie zurück und fragen Sie sich bei jeder einzelnen Position: Muss diese Ausgabe wirklich sein? Gibt es vielleicht Alternativen, z.B. günstigere Einkaufsmöglichkeiten? Entspricht dieser Finanzplan meinem Anspruch, verantwortungsvoll mit Geld umzugehen? Sind diese Ausgaben das Spiegelbild meiner Wertestruktur? ...

Dazu helfen Ihnen auch die folgenden Anregungen, die zeigen, dass Einzelpositionen Ihrer Analyse eine Menge an Sparpotenzial bieten. Auch wenn Ihnen einige dieser Tipps lächerlich oder übertrieben erscheinen, prüfen Sie Punkt für Punkt, ob hier ein Sparpotenzial für Sie vorhanden ist. An dieser Stelle möchte ich gern eine Wette mit Ihnen abschließen. Wetten, dass Sie innerhalb von 3 Monaten ein ganz nettes Sümmchen mit diesen Sparmaßnahmen erzielen. Nun, wetten Sie mit?

✓ Prüfen Sie Ihre Nebenkostenabrechnung für Mietwohnung bzw. Wohneigentum. Wie sieht Ihr Strom- und Heizungsverbrauch aus?

✓ Kaufen Sie keine überteuerten Lebensmittel in Tankstellen oder Raststätten.

✓ Kaufen Sie haltbare Lebensmittel in größeren Abpackungen auf Vorrat ein und am besten bei einem führenden Discounter. Große Handelsketten bieten oftmals die gleiche Qualitätsware zu beträchtlich günstigeren Preisen als das kleine Fachgeschäft um die Ecke.

✓ Erkundigen Sie sich nach Rabattprogrammen im Handel. Viele Handelsunternehmen versuchen ihre Kunden per Rabattmarken und -aktionen an sich zu binden. Das sollten Sie unbedingt ausnutzen – sammeln Sie „Meilen" oder „Punkte". Aber bitte nicht nur einkaufen, um Meilen oder Punkte zu sammeln.

✓ Hände weg von großen Bestellungen über Versandkataloge jeglicher Art, die zudem oft auf Ratenzahlung erfolgen.

✓ Versuchen Sie Gegenstände, die Sie nur belasten, die im Keller stehen und nicht mehr wirklich gebraucht werden, zu verkaufen. Möglichkeiten bieten Flohmärkte, der Kleinanzeigenmarkt Ihrer Tageszeitung oder das Internet.

✓ Kaufen Sie Gegenstände aus Konkursmassen heraus. Durchforsten Sie die Tageszeitung nach Versteigerungen und Verkaufsanzeigen. Erkundigen Sie sich auch beim zuständigen Amtsgericht über geplante öffentliche Versteigerungen. Oder steigern Sie im Internet mit.

✓ Betreten Sie nur dann Ladengeschäfte, wenn Sie auch wirklich etwas brauchen oder sich informieren wollen. Brechen Sie mit dem Zwang immer etwas kaufen zu müssen oder mit nach Hause nehmen zu müssen.

✓ Denken Sie nach, bevor Sie eine Anschaffung jeglicher Art finanzieren. Mit welchen weiteren Kosten und vielleicht wiederkehrenden Ausgaben ist diese Anschaffung verbunden? Manchmal kann es vorteilhafter und günstiger sein, auf die Anschaffung zu verzichten. Weichen Sie lieber bei Bedarf auf Mieten oder Leasen aus. (Viele Ferienwohnungen und Urlaubshäuser stehen z.b. über das Jahr leer und binden finanzielle Mittel der Eigentümer, sie kosten eine Menge Geld im Unterhalt.)

✓ Prüfen Sie Ihre Ausgaben für Kosmetik u.Ä. (Ist z.b. der wöchentliche Friseurbesuch notwendig?)

✓ Prüfen Sie Ihre Zeitschriften- und Zeitungsabonnements. Nur die, die Sie wirklich regelmäßig lesen, sollten beibehalten werden. Zeitungen und Zeitschriften, die Sie nur ab und zu lesen, kaufen Sie besser am Kiosk.

✓ Sparen Sie Telefonkosten durch Billiganbieter. Vergleichen Sie regelmäßig die Tarife. Begrenzen Sie Ihre Gespräche ins Ausland. Nutzen Sie alternativ E-Mails, wenn Sie über einen Computer mit Internetzugang verfügen.

✓ Setzen Sie sich ein Limit für die Nutzung des Internets. Angebote, wie z.B. die Einrichtung einer so genannten Flatrate, können die Kostenkontrolle gerade für Familien unterstützen.

✓ Verzichten Sie auf den Kauf eines Neuwagens. Mit dem Kauf eines gebrauchten Jahreswagens sparen Sie in der Regel bis zu 35 % gegenüber dem Anschaffungspreis eines Neuwagens ein.

✓ Beauftragen Sie bei Fahrzeugreparaturen nicht immer gleich eine Vertragswerkstatt. Letztere ist meistens teurer als eine freie Werkstatt, die gleiche Arbeit leistet. Nach den neuen europäischen Gesetzen darf jede Werkstatt Originalteile vom jeweiligen Autohersteller verkaufen.

✓ Sind Sie in Clubs und Fitness-Centern angemeldet? Gehen Sie auch wirklich hin? Wenn nein, lösen Sie Monats- oder Jahresverträge auf. Bezahlen Sie nur dann, wenn Sie auch trainieren gehen. Prüfen Sie auch weitere teure Clubmitgliedschaften oder Vereinsverpflichtungen, wenn Sie das Angebot nicht regelmäßig nutzen.

✓ Verzichten Sie mal auf den zweiten oder dritten Drink abends in der Bar, den dritten Kinobesuch in der Woche oder den obligatorischen wöchentlichen Restaurantbesuch beim Lieblingsitaliener.

✓ Nutzen Sie für Urlaubsreisen Frühbucherrabatte oder Last-Minute-Angebote. Heute sind Last-Minute-Angebote nicht nur für „Ultrakurzentschlossene" im Angebot.

✓ Optimieren Sie Ihr Versicherungsportfolio. Sind Ihre Versicherungssummen noch aktuell, besteht eventuell eine Überversicherung?

Nach der Durchforstung Ihrer Ausgaben können Sie, wie eingangs beschrieben, nach dem gleichen Schema Ihren Finanzplan für kommende Monate aufstellen und haben so eine laufende Haushaltskontrolle.

Sie wollen richtig mit Geld umgehen? Gut, dann brauchen Sie nur all das nicht zu kaufen, was Sie gar nicht benötigen, und Sie sind bald finanziell unabhängig. Fällt Ihnen das schwer zu glauben? Gut, dann rechnen Sie einmal nach, welche Ihrer Ausgaben in den letzten Jahren Sie sich im wahrsten Sinne des Wortes hätten sparen können. Recht viel, nicht wahr? Konsum ist eine schöne und angenehme Sache, wenn man ihn sich unschmerzlich leisten kann. Deshalb fragen Sie sich: Muss ich denn wirklich mein gesamtes Einkommen Monat für Monat vollständig und bis auf den letzten Cent ausgeben?

Nutzen Sie auch den folgenden Test, um Ihren bisherigen Umgang mit Geld zu hinterfragen. Überprüfen Sie die Punkte, bei denen Sie „stimmt teilweise" und „stimmt" angekreuzt haben. Fragen Sie sich, warum Sie so geantwortet haben:

✔ Mein bisheriger Umgang mit Geld

1. Sie haben keinen realistischen Finanzplan oder versäumen es, diesen Plan zu verfolgen.
   ☐ Stimmt   ☐ Stimmt teilweise   ☐ Stimmt nicht

2. Sie folgen keinem eigenen glaubwürdigen Finanzkompass
   ☐ Stimmt   ☐ Stimmt teilweise   ☐ Stimmt nicht

3. Die Ausgaben, die Geldvernichter sind, wurden nie identifiziert und auch nicht vermieden.
☐ Stimmt ☐ Stimmt teilweise ☐ Stimmt nicht

4. Sie hören lieben auf Finanzgurus und Experten und überlassen es diesen, die Verantwortung für Ihr Geld zu übernehmen.
☐ Stimmt ☐ Stimmt teilweise ☐ Stimmt nicht

5. Sie lassen sich zu stark von anderen beeinflussen und sind abhängig vom Pessimismus oder vom Optimismus anderer Leute
☐ Stimmt ☐ Stimmt teilweise ☐ Stimmt nicht

6. Den Begriff *Wohlstand* haben Sie bisher nie klar definiert oder in Worte gefasst, Sie folgten bisher keiner eigenen Wertestruktur.
☐ Stimmt ☐ Stimmt teilweise ☐ Stimmt nicht

7. Sie leben auf eine Art und Weise, die es unmöglich macht Wohlstand zu erreichen.
☐ Stimmt ☐ Stimmt teilweise ☐ Stimmt nicht

8. Sie versäumten es, den richtigen Umgang mit Geld zu erlernen.
☐ Stimmt ☐ Stimmt teilweise ☐ Stimmt nicht

2.2 Wie legen Sie finanzielle Ziele fest?

Nachdem Sie einen Überblick haben, wie viel Geld Sie tatsächlich momentan brauchen und wie Sie Ihre laufenden Ausgaben in den Griff bekommen, ist die Überlegung zu finanziellen Zielen der nächste Schritt.

Finanzielle Ziele festlegen

Setzen Sie sich etappenweise finanzielle Ziele und legen Sie diese ausführlich und schriftlich fest. Benutzen Sie am besten leere Blätter und schreiben Sie mit großen Buchstaben Ihre Ziele in Zahlen und mit Bildern veranschaulicht nieder. Wahre Meister der Zielsetzung hängen diese sogar an ihre Pinwand.

✗ Nützt finanzielle Zielsetzung?

In einer Kleinstadt nahe Dallas, USA, wurden 1980 rund vierzig Schülerinnen und Schüler im Alter zwischen 16 und 20 Jahre befragt, wie sie zu Geld stehen und welches ihre finanziellen Aussichten für die Zukunft sind. 15 Jahre später wurde die tatsächliche finanzielle Situation der – nun ehemaligen – Schüler mit der früheren Einschätzung verglichen. Das Ergebnis war verblüffend. Die Gruppe, die sich bereits in der Schulzeit finanzielle Ziele setzte, hatte es mit einer einzigen Ausnahme zu finanziellem Wohlstand gebracht. Die andere Gruppe, die zum ersten Befragungszeitpunkt keine finanziellen Ziele im Leben verfolgte, war zum Teil arbeitslos, zum anderen trotz hohen Einkommens überschuldet. Ein letzter Teil verharrte unzufrieden in festen Anstellungen, das Einkommen reichte lediglich, um laufende Rechnungen bezahlen zu können.

Auch wenn Sie im Laufe Ihrer Arbeits- und Schaffenszeit nur die Hälfte Ihrer hoch gesteckten finanziellen Ziele erreichen, ist das ein bedeutender Schritt der Sie zu Wohlstand führt.

Ziele hinterfragen und konkretisieren

Wenn Ihre klar umrissenen finanziellen Ziele feststehen, sollten Sie diese kritisch hinterfragen: Welche Talente oder Fähigkeiten brauche ich, um an diesen Punkt zu kommen? Welche Strategie und welche Personen benötige ich, um mein dringendes Ziel finanzieller Unabhängigkeit zu erreichen? Wie gehe ich am besten dabei vor? Für die erfolgreiche Beantwortung dieser Fragen nutzen Sie die Technik der *Blackbox:*

Ziehen Sie sich an einen ruhigen Ort zurück, an dem Sie nicht gestört werden können. Schaffen Sie eine Umgebung, die Ihnen das kreative Denken leicht macht. Nehmen Sie Bleistift und Block zur Hand und widmen Sie jeder Frage ein leeres Blatt. Nummerieren Sie 20 Linien unterhalb dieser Frage. Suchen Sie jetzt nach den entsprechenden Antworten. Lassen Sie Ihren Gedanken freien Lauf und nutzen Sie alle Ihre im Kopf gespeicherten Erfahrungen. Wissenschaftlich gesehen, ruft der Mensch im Laufe seines Lebens lediglich 10 Prozent aller gespeicherten Informationen, wie Erlebnisse oder Erfahrungen erneut ab. Die restlichen 90 Prozent werden im alltäglichen Leben einfach nicht mehr gebraucht, aber sie sind immer noch da und sie reichen weit in die Vergangenheit zurück. Wir sind uns meist gar nicht darüber bewusst, wie kreativ wir aufgrund von Erlebnissen und Erfahrungen sein könnten.

Wenn Sie diese Gedankenareale wieder aktivieren, werden Sie auf Ideen stoßen, die Ihnen die Beantwortung der gestellten Frage leicht macht.

Schreiben Sie alle Antworten auf – auch wenn manche von ihnen auf den ersten Blick unrealistisch wirken. Wichtig ist, dass Sie sich in einem regelrechten Schreibfluss befinden, seien Sie kreativ. Denken Sie während 15 Minuten an nichts anderes, als an die gestellte Frage. Die ersten 10 Antworten werden Ihnen mit Sicherheit leicht fallen. Aber die nächsten Antworten sind Schwerstarbeit. Wenn Sie dann wirklich bis zur zwanzigsten Antwort gelangen, gehören Sie zu den absolut Kreativsten dieser Welt. Probieren Sie diese Technik aus und wundern Sie sich nicht, wenn Sie lang über nur einer Frage brüten.

Die Fragen sollten Sie zudem konkret formulieren und offen stellen. Gerade die bekannten „Wie-Fragen" sind dafür geeignet. Zusätzlich sollte beim Hinterfragen der eigenen finanziellen Ziele auch stets ein Zeithorizont genannt werden.

X Offene Fragestellung

Geschlossene Frageformulierung ohne Zeitbezug:
Kann ich irgendwann 1.500 Euro mehr verdienen?

Bessere offene Frageformulierung mit Zeitbezug:
Wie kann ich mein Gehalt um 1.500 Euro erhöhen?

Benchmarking betreiben

Schon Wilhelm von Humboldt wusste: „Ideen sind das einzig wahrhaft Bleibende im Leben." Ohne Zweifel helfen uns die Ideen der anderen, um kreative Lösungswege für unsere Finanzziele zu finden. Aber woher erhalten Sie solche Ideen? Aus den Zeitungen, aus dem Fernsehen oder aus Büchern? Vielleicht denken Sie auch über einen direkteren Weg nach. Betrachten Sie Menschen, die bereits dort angelangt sind, wo Sie finanziell hinkommen möchten – betreiben Sie Benchmarking. Unter diesem Begriff wird in der Wirtschaft der Vergleich der eigenen Leistungen, Produkte und Prozesse mit dem Wettbewerb, speziell dem „Klassenbesten" darunter, verstanden.

Beschäftigen Sie sich mit Personen, die Ihre Geldangelegenheiten im Griff haben. Irgend etwas müssen diese ja anders machen, auch wenn sie genau wie Sie und ich nur 24 Stunden am Tag Zeit für die Realisierung Ihrer Ziele zur Verfügung haben. Die finanziell erfolgreichen Menschen sind nicht immer Akademiker oder Erben, sondern Menschen wie Sie und ich. Hatten sie mehr Glück im Leben und eine bessere Ausbildung? Vielleicht. Hatten Sie auch mehr Chancen und Gelegenheiten? Bestimmt nicht. Denn lohnende Gelegenheiten laufen uns allen über den Weg, immer und überall.

Mentoren finden

Eine Hilfe auf dem schwierigen Weg bis zur Zielrealisierung sind Personen, die Ihnen mit Rat und Tat zur Seite stehen, mit denen Sie sich austauschen können. Warum prüfen Sie nicht, ob es für Sie einen Mentor für Geldfragen gibt? Wer könnte für Sie ein guter Ratgeber zu allen Fragen zum richtigen Umgang mit Geld sein?

Mögliche Mentoren, die ich kenne	
Vor- und Zuname	Warum geht er/sie meiner Meinung nach richtig mit Geld um?

Beim ersten Kontakt sollten Sie darauf achten, dass Sie Ihren Wunschmentor als Experten anerkennen und aus diesem Grund einen Ratschlag bei ihm einholen möchten. Kein erfolgreicher Mensch lässt sich einfach so in die Verpflichtung nehmen. Erst wenn Ihr Wunschmentor mit seiner Rolle einverstanden ist, können Sie Hilfe in Form von beratender Unterstützung erwarten. Erzwingen Sie jedoch Ratschläge nicht mit ständigen Anrufen, E-Mails oder Briefen.

Zunächst sollte lediglich ein nettes Gespräch Ziel sein. Wenn mit der Zeit das Eis gebrochen ist, können Sie sich langsam an Ihr Anliegen herantasten. Erklären Sie im Gespräch, wie Sie sich ein Mentorenverhältnis vorstellen. Schlagen Sie zum Beispiel eine Treffen alle vier bis acht Wochen oder regelmäßige Telefontermine vor. In einem zweiten Schritt könnten Sie Ihren Mentor zu einem gemütlichen Essen in entspannter Atmosphäre einladen.

Ausbauen lassen sich diese Mentorenkontakte bis hin zu Expertennetzwerken. (Zu diesem Thema sei das Buch *Networking* aus dem gleichen Verlag wie dieses Buch empfohlen.)

Überlegen Sie auch, was Sie Ihrem Mentor zurückgeben können. Wissen Sie, warum ein Mentor einwilligen könnte und ausgerechnet Sie coacht und damit Zeit und Mühe aufbringt? Grundsätzlich sind erfolgreiche Menschen, die finanzielle Unabhängigkeit erreicht haben, gern bereit anderen Menschen zu helfen. Und doch scheuen die meisten sich, solch eine Bindung einzugehen. Und der Grund dafür ist nur all zu menschlich: Es ist die Angst vor Enttäuschung. Bekanntlich kommt irgendwann der Zeitpunkt, an dem der Schüler geht und aus der Beziehung herauswächst. Menschliche Enttäuschungen folgen und manchmal wächst beim Mentor das Gefühl heran, ausgenutzt worden zu sein.

Sicher ist es nicht einfach, einen Mentor zu finden. Hier hilft Ihnen, wie bereits in Kapitel 1 beschrieben, mit offenen Augen durch die Welt zu gehen – die Suche nach Gelegenheiten. Zum Abschluss eine Geschichte, die zeigt, dass sich Mentoren auch auf ungewöhnlichem Wege finden lassen.

✗ Charlys Mentor

Charly ist fünfunddreißig, überzeugter Single und beschloss seinen nächsten Geburtstag weit weg vom alltäglichen Rummel zu feiern. Er wollte unbedingt Urlaub unter Leuten und unter der heißen Sonne Floridas machen, also buchte er einen Flug nach Orlando, um die berühmten Freizeitparks zu besuchen und das Klima zu genießen. Er erhielt einen Sitzplatz ganz in der Nähe der business class und freute sich, zwei Plätze für sich allein beanspruchen zu können. Er versank in einem spannenden Buch, bis ihm plötzlich ein Mann auffiel.

Aus der business class kam ein untersetzter Mann mit Brille und grauem Pullunder die Gänge der economy class entlang, um sich offensichtlich die Beine zu vertreten. Die meisten Passagiere der economy waren recht mürrisch und genervt vom langen Flug und ärgerten sich derweil über die äußerst eng positionierten Sitzreihen. Ein Passagier kam hektisch von hinten angerannt und rempelte den älteren Herrn unsanft an, ohne sich dafür zu entschuldigen. Der ältere Herr nahm es gelassen und versuchte im letzten Moment noch Platz zu machen. Charly bewunderte die gelassene Reaktion des älteren Herren, der nur mit den Achseln zuckte und weiter in seine Richtung spazierte. Charly lächelte den älteren Mann an und sagte spontan. „Es gibt eben richtige Rüpel auf dieser Welt … ich hoffe, Sie haben sich nicht gestoßen?"

Der Mann setzte sich daraufhin spontan auf den freien Platz neben Charly und unterhielt sich über zwei Stunden mit ihm. Das Gespräch war ungezwungen. Charly fragte den Passagier, was er denn beruflich mache. Er sei Pensionär und besuche regelmäßig seine Tochter in Tampa, Florida. Kurz vor der Landung raffte sich der Mann aus dem Sitz und ermunterte Charly ihn doch anzurufen um das Gespräch weiterzuführen, sobald er wieder in München sei. Charly verabschiedete sich und als sein Gesprächspartner in Richtung business class verschwand, sichtete er die Visitenkarte, die den Namen des Gründers eines großen deutschen Softwareunternehmens trug.

Was heißt eigentlich reich sein? Amerikanische Untersuchungen sind zu verschiedenen Reichtumsdefinitionen gekommen, die sich zumindest rein rechnerisch nachvollziehen lassen. Inzwischen wissen wir, dass Einkommen nicht gleich Reichtum bedeutet.

Eine Studie über Reiche wird von der renommierten Wirtschaftsberatung *Merrill Lynch* gemeinsam mit der Unternehmensberatung *Cap Gemini Ernst & Young* jährlich veröffentlicht: der *World Wealth Report*. Er zeigt die Entwicklung des Kapitalbesitzes vermögender Privatkunden. So gibt es so genannte High Net Worth Individuals (HNWIs): Privatanleger mit einem Finanzvermögen von jeweils mehr als einer Million Dollar (1,13 Millionen Euro) und so genannte Ultra High Net Worth Individuals (Ultra-HNWIs): Privatanleger mit einem Finanzvermögen von jeweils mehr als 30 Millionen Dollar (33,6 Millionen Euro).

3 Decken Sie Einkommenspotenziale auf

Es gibt viele machbare Wege, um Wohlstand zu erreichen. Neben der Betrachtung der Ausgaben, die dazu im letzten Kapitel im Mittelpunkt standen, sollen im Folgenden Ansatzpunkte auf Seiten der Einnahmen genannt werden. Es geht vorrangig um Einkommenspotenziale.

Gehaltsverhandlung und Gehaltssteigerung

Wie viel Geld möchten Sie im Monat verdienen? – Ist es sinnvoll, diese Frage zu stellen? Sicher antworten Sie darauf mit dem Argument, dass jede Branche ihr ungeschriebenes Lohn- und Gehaltsniveau hat. Die Verdienste für einzelne Positionen sind dementsprechend definiert und festgelegt, es gibt kaum Spielraum. Stimmt nicht. Ihr Gehalt ist verhandelbar. Nutzen Sie diese Chance zur Einkommenserhöhung. Nun werden Sie sicher nicht für das Nichtstun bezahlt. Erst, wenn Sie sehr gute Leistungen in Ihrem Arbeitsgebiet bieten, werden Sie einen höheren Preis verlangen können. Investieren Sie deshalb in sich selbst. Bilden Sie sich weiter und bauen Sie Ihre verborgenen Fähigkeiten und ungenutzten Talente aus. Diese können Sie dann im Gehaltsgespräch als Argumente verwenden. Denn Sie brauchen einleuchtende Begründungen für Ihre Gehaltsforderung. Wenn Sie zu Ihrem Chef gehen und grundlos 20% mehr Gehalt verlangen, wird sich Ihr Chef vielleicht insgeheim denken, dass er nach einem neuen Angestellten Ausschau halten sollte. Planen Sie deshalb Ihre Gehaltserhöhung mit folgenden Vorbereitungen:

Vor dem Gespräch:

✓ Definieren Sie Ihre Absichten. Welche Gehaltsvorstellungen haben Sie? Was möchten Sie mindestens mehr verdienen?

✓ Schreiben Sie auf, warum Sie wertvolle Arbeit leisten. Verzichten Sie auf Vergleiche mit Arbeitskollegen. Vergleiche mit anderen lassen Sie nur kurzfristig triumphieren. Sie haben ein eigenes Bewertungssystem für Ihre Arbeit. Es bringt auch nichts sich beim Chef über andere zu stellen. Man wird nicht größer, indem man andere klein macht.

✓ Führen Sie vor dem Gehaltsgespräch mindestens vier Wochen lang ein kleines Notizbuch mit allen wichtigen und Erfolg versprechenden Aufgaben, die Sie erledigt haben. Was genau ist Ihnen bei der Arbeit gut gelungen und warum? Diese Notizen sind ausschließlich für Sie persönlich bestimmt und werden Ihr Selbstwertgefühl für das anstehende Gespräch systematisch aufbauen.

✓ Erstellen Sie eine Liste mit mindestens sieben Gründen, weshalb Sie Ihrer Meinung nach eine Gehaltserhöhung verdient haben. Mit den Notizen aus dem vorherigen Ansatzpunkt lässt sich diese Aufstellung sehr leicht anfertigen.

✓ Wägen Sie ab, ob Sie sich im Vorfeld des Gesprächs ein Zwischenzeugnis ausstellen lassen wollen. Hier ist jedoch Vorsicht geboten. Sie kennen dann zwar die Meinung Ihres Arbeitgebers über Ihre Arbeitsqualität und haben damit eine Grundlage für das Gespräch. Aber das Verlangen eines Zwischenzeugnisses kann für den Arbeitgeber daraufhin deuten, dass Sie sich sowieso nach einer anderen Arbeitsstelle umsehen und bereits innerlich gekündigt haben. Das genaue Gegenteil Ihres Wunschs, nämlich in der bisherigen Stelle mehr zu verdienen, kann dann eintreten. Ihr Arbeitgeber wird gern ein Zwischenzeugnis ausstellen, wenn er am baldigen Ausscheiden seines Mitarbeiters interessiert ist. Um die Situation zu entspannen, versichern Sie Ihrem Chef, dass es Ihnen beim Zwischenzeugnis lediglich darum geht, sich die eigene Arbeitsqualität bestätigen zu lassen.

✓ Erkundigen Sie sich in der Branche nach anderen Arbeitsstellen. Das stärkt Ihr Gespräch mit dem jetzigen Arbeitgeber. Es ist wichtig seinen Marktpreis zu kennen. Einen Hinweis zu Statistiken und Recherchemöglichkeiten finden Sie dafür im Anhang.

✓ Melden Sie sich freiwillig, wenn es um zusätzliche oder besonders schwere Arbeiten geht. Erstens können Sie an schwierigen Aufgaben nur wachsen und zweitens fällt dabei ein gutes Licht auf Sie. Entwickeln Sie sich aber nicht zum unangenehmen Streber, der zudem andere mobbt, der sich meldet, nur um aufzufallen, sondern unterstützen Sie auch Ihre Kolleginnen und Kollegen. Bremsen Sie Ihre Hilfsbereitschaft, wenn Sie den Ansatz verspüren von Ihren Arbeitskollegen ausgenutzt zu werden.

✓ Achten Sie auch auf Ihre Kleidung am Arbeitsplatz. Passen Sie sich der Situation an. Wenn Sie Umgang mit Kunden haben, sollten Sie dem geforderten Business-Look entsprechen. Chefs befördern gerne Menschen, die sich ähnlich kleiden wie sie selbst.

Während des Gesprächs:

✓ Lesen Sie auf keinen Fall die in der Gesprächsvorbereitung notierten Argumente während des Gesprächs vom Notizbock ab. Gehen Sie ohne Papier in das Gespräch und bringen Sie die wichtigsten Argumente in die Verhandlung ein.

✓ Fordern Sie die Erhöhung eindeutig. Wenn Sie zu sehr zögern oder sich zieren, wird es dem Entscheider schwer fallen einzuwilligen. Verwenden Sie lieber ein deutliches „Ich möchte gern eine Gehaltserhöhung, weil ..." als ein „Ich wollte mich mal erkundigen, ob es möglich wäre, dass ...".

✓ Verlangen Sie mehr Gehalt, als Sie erwarten zu bekommen. Damit schaffen Sie sich einen Verhandlungsspielraum und können, wenn nötig, einen Kompromiss eingehen. Selbst wenn Ihr Arbeitgeber über die Höhe überrascht wirkt, ergeben sich zudem zwei nützliche Nebeneffekte. Erstens: Er wird seinen Spielraum bis zur obersten Grenze ausschöpfen. Zweitens: Er wird Sie als jemanden einschätzen, der mehr erreichen will. Das ist durchaus positiv.

Nach dem Gespräch:

✓ Nach den Verhandlungen und unabhängig vom Gesprächsausgang, schicken Sie Ihrem Gesprächspartner eine Nachricht (z.B. per Mail) und bedanken sich aufrichtig für das gute Gespräch.

Der Weg in die Selbstständigkeit

Sie haben grundsätzlich die Wahl: Sie können Karriere in dem Unternehmen machen für das Sie arbeiten oder sich selbstständig machen. Völlig unabhängig, ob Sie derzeit eine leitende Position bekleiden, als Sachbearbeiterin arbeiten oder als Verkäufer in einem Geschäft tätig sind. Sie sollten zumindest einmal diese Alternative einer freiberuflichen oder selbstständigen Tätigkeit überlegen.

X Andrès Geschichte

Vor einigen Monaten kam Andrè zu mir zu Besuch. Er ist im Versicherungswesen tätig, vermittelte ausschließlich für eine Versicherungsgesellschaft und hörte sich meine Aussagen bezüglich der Entwicklung von Talenten geduldig an, bis er

dann resigniert erwiderte: „Klar kenne ich meine Talente. Ich kann gut mit Menschen umgehen und bin einfühlsam, aber ich hasse es zu verkaufen."
Andrè war bisher erfolgreich, aber er hatte ständig Angst beim Verkaufsgespräch zu versagen und diese Angst wurde noch durch seinen Gebietsleiter, der ihn zusätzlich unter Druck setzte, verstärkt. Ich antwortete ihm: „Dann hör doch endlich auf zu verkaufen und beginne damit, mit Deinen Kunden Gespräche zu führen. Vergiss beim ersten Gespräch den Abschluss und die Unterschrift unter der Police. Nimm Dir selbst den Druck und mache das was Du gut kannst – nämlich mit Menschen umgehen." Skeptisch und ungläubig versprach mir Andrè über meine eindringlichen Worte nachzudenken.

In den darauffolgenden Wochen musste Andre zu einem seiner schwierigsten Kunden. Siegfried Meyer rief ihn, um einen Schaden an einem seiner Firmenfahrzeuge zu melden. Meyer besaß eine eingeführte und gutgehende Lebensmittelkette. Er zitierte Andrè wegen einem Bagatellschaden in seine Außenstelle, die zudem noch über 40 km entfernt von Andrès Büro lag. Meyer begrüßte Andrè mit den Worten: Na, wollen Sie mir nicht schon wieder 'ne Versicherung aufschwatzen? Andrè blickte erst verlegen zu Boden. Aber dann sagte er: „Wissen Sie Herr Meyer, Sie sind meiner Meinung nach sowieso überversichert." „Wie meinen Sie denn das?", erwiderte Meyer und zog seine Augenbrauen zusammen, so dass sich eine tiefe Furche auf seiner Stirn bildete. „Na ja, es hat sich so viel geändert im Versicherungswesen und es gibt immer Chancen, um Geld zu sparen, aber das wissen Sie sicherlich bereits." „Wie … Geld sparen", hakte Meyer ungeduldig nach. „Nun, Sie verfügen über 18 Firmenfahrzeuge und die sind bei vier verschiedenen Gesellschaften versichert, nicht wahr? Sie hätten längst eine Kfz-Flottenversicherung abschließen und Prämien damit einsparen können."

Andrè ging nicht weiter ein auf das Thema, erledigte die Formalitäten und verabschiedete sich freundlich.

Eine Woche später rief Meyer an und plauderte fröhlich drauf los: „Ganz schön gerissen von Ihnen … Na gut, kommen Sie bitte vorbei, ich möchte mich von Ihnen zum Thema Flottenversicherung beraten lassen. Die Differenz, die ich spare, möchte ich eventuell für die von Ihnen dringend empfohlene Transportversicherung verwenden.

Andrè baute nach diesem Schlüsselerlebnis seine Kundengespräche um. Seit diesem Zeitpunkt haben sich seine Kunden nicht mehr zum Abschluss gedrängt gefühlt. Er baute sich das in dieser Branche dringend nötige Netzwerk auf und konnte seinen Kundenkreis durch Weiterempfehlung stark ausbauen. Ermutigt durch diesen Erfolg wagte er den Sprung in die Selbstständigkeit und wude unabhängiger Versicherungsmakler. Sein Schwerpunkt wurde die Optimierung des Versicherungsportfolios von Kleinunternehmen.

Nebenverdienstmöglichkeiten prüfen

Entdecken Sie Ihre Talente. Was können Sie besonders gut? Was genau liegt Ihnen und bereitet Ihnen echten Spaß? So viel Spaß, dass Sie auf keinen Fall während dieser Arbeit auf die Uhr sehen würden. Ihre Talente und Ihr Wissen können Sie möglicherweise für ein zweites finanzielles Standbein nutzen.

✗ Christians Geschichte

Christian Kaufmann ist 49 Jahre und Beamter in einem Finanzamt. Er ist primär mit den Steuerangelegenheiten von Unternehmen betraut. Ihm fiel auf, dass viele Kleinunternehmer trotz Steuerberater nicht alle gesetzlichen Möglichkeiten ausschöpften, um ihre Steuerzahlung zu optimieren. Manche Kleinunternehmer verzichteten aus Kostengründen ganz auf die Steuerberatung und zahlten regelmäßig viel zu viel Steuern. Christian entwickelte ein transparentes Checklistensystem, mit dem Kleinunternehmer die Begebenheiten des Unternehmens und das buchhalterische Zahlenwerk im Hinblick auf Steuersparpotenziale prüfen konnten. Ein befreundeter EDV-Administrator setzte dies in einem kleinen Programm um. Gemeinsam verkauften die beiden Lizenzen für das Programm auf dem deutschen Markt. Zwei Jahre später hatte Christian eine ansprechende Summe damit verdient.

Weiten Sie Ihre Vorstellung aus, wenn es um die Anwendung Ihrer Talente geht. Was genau könnten Sie damit anstellen und bewerkstelligen? Gibt es da vielleicht ungenutzte Verdienstchancen? Verfolgen Sie diese Verdienstchancen und recherchieren Sie dazu einmal.

Die eigene Produktivität steigern

Höhere Produktivität heißt, mehr Zeit in lohnende Tätigkeiten zu investieren. Dies bezieht sich auf berufliche und private Aktivitäten. Jeder von uns kann seine Arbeitsleistung und Produktivität steigern oder sich diese Steigerung zumindest vornehmen. Leisten Sie umso mehr, dann haben Sie auch Anspruch auf einen höheren Verdienst (vgl. S. 45).

Sparmöglichkeiten recherchieren

Nutzen Sie das Internet. Recherchieren Sie wie ein fleißiger Journalist in den Webseiten und informieren Sie sich über Geld, Finanzen und Möglichkeiten, Geld zu verdienen oder zu sparen. Nutzen Sie Unterlagen von Banken, Finanzberatungen und öffentlichen Einrichtungen. Viele von Ihnen geben sinnvolle Broschüren oder Newsletter kostenfrei im Rahmen Ihrer Presse- und Öffentlichkeitsarbeit heraus. Sämtliche Finanzeitungen haben zudem ein vernetztes Archiv, welches Sie für Ihre Ermittlungen nutzen können.

Vergleichen Sie Preise und Prämien, ob bei Konsumgütern, Investitionsgütern oder Geldanlagen. Nutzen Sie Preisagenturen und Schnäppchenführer. Wenn Sie nicht wissen, wo Sie sparen können, dann nehmen Sie sich nochmals Ihren Finanzplan aus Kapitel 1 zur Hand. Welches Geld wurde in den letzten Monaten für was genau ausgegeben?

Verstehen Sie mich bitte nicht falsch. Übertriebener Geiz soll hier selbstverständlich nicht entstehen, sondern bisher ungenutzte Sparmöglichkeiten herausgefunden werden.

Mit dem Mentor austauschen

Treffen Sie regelmäßig mit Ihrem ausgesuchten Mentor (vgl. Kapitel 2) oder einer Gruppe von Gleichinteressierten zusammen, um finanzielle Sorgen oder Chancen zu diskutieren. Diese Treffs werden nur dann scheitern oder nutzlos und langweilig werden, wenn einige Teilnehmer sich nicht aktiv beteiligen und lediglich von den anderen profitieren wollen. Versuchen Sie von vornherein Trittbrettfahrer aus diesem Kreis auszuschließen. Nur dann können solche Meetings im wahrsten Sinne des Wortes „wertvoll" werden.

Den eigenen Umgang mit Geld ständig prüfen

Ziehen Sie regelmäßig Bilanz und prüfen Sie, welche Aktivitäten Sie voran gebracht haben. Erwarten Sie Verbesserungen aber keine Wunder. Der Faktor Zeit ist entscheidend. Geben Sie auf gar keinen Fall auf, an Ihrem Plan zu arbeiten.

Regelmäßiges Überprüfen bargeldloser Zahlungen

Mit Bargeld zu bezahlen weckt Ihren Geldsinn. Sie gehen bewusster mit Ihren Ausgaben um. Es ist bekanntlich leichter mit Kredit- oder Checkkarten zu bezahlen, als Bargeld auf den Tresen zu legen. Wenn Sie mehrere Kreditkarten besitzen, verringern Sie die Zahl, benutzen Sie besser nur eine Kreditkarte. Eine Hilfe kann auch sein, die Kredit- oder Checkkarte nur für bestimmte Zahlungen zu verwenden (z.b. ausschließlich im Urlaub, in Restaurants oder für Benzinkosten), vgl. dazu auch Kapitel 5.

Selbstständige: Trennen von Privat- und Geschäftsvermögen

Verwechseln Sie nicht Ihr Unternehmen und sein Vermögen mit Ihrem Privatvermögen. Betrachten Sie Ihr Geschäft, Ihre Praxis, Ihr Büro wie eine dritte Person. Seien Sie hier stets konsequent. Schränken Sie besonders in der Anfangsphase die Privatentnahmen für Ihr persönliches Leben auf das Notwendige ein.

4 Schuldenfrei mit System

Jeder hat eine zweite und eine dritte Chance verdient.

Das Thema Schulden könnte allein ganze Buchbände füllen. Für Informationen dazu gibt es auch einen großen Bedarf. Denn die Zahl der Schuldner in unserer Gesellschaft nimmt ständig zu. Laut einer vom Bundesministerium für Familie, Senioren, Frauen und Jugend in Auftrag gegebenen Studie zur Verschuldung in Deutschland waren 1999 rund 2,77 Millionen deutsche Haushalte überschuldet. Diese Haushalte können mit ihren Einnahmen den laufenden Zahlungsverpflichtungen nicht mehr nachkommen. Die Verbraucherinsolvenzen sind zwischen 2001 und 2002 um fast 70 Prozent sprunghaft angestiegen. (Quelle: Verband der Vereine Creditreform e.V.) Laut Creditreform gab es 2002 ca. 22.900 Verbraucherinsolvenzen. Das Thema füllt ganze Zeitungsseiten und andere Medien. Private Überschuldung hat z.b. folgende Ursachen:

• Defizite in der Nutzung rechtlicher Beratungsmöglichkeiten
• psychologische Destabilisierung
• nachhaltige wirtschaftliche Abhängigkeiten
• fehlende Übersicht über die eigene Finanzlage

Es kommt vor, dass Menschen teilweise unverschuldet und plötzlich vor dem finanziellen Ruin stehen. Allein diese Tatsache kann keine Entschuldigung sein, nichts dagegen unternehmen zu wollen oder gar zu resignieren. Da Sie Bücher lesen wie dieses, sind Sie bereits auf dem Weg aus der verhängnisvollen Schuldenfalle. Setzen Sie sich in diesem Kapitel mit dieser auseinander. Es zeigt auf, warum Schulden überhaupt entstehen und welche Strategien und Maßnahmen helfen, um Schulden zu vermeiden und entstandene Schulden zu verringern. Betrachten Sie die aufgeführten Punkte als Hinweise, die je nach persönlicher Situation Anwendung finden können.

4.1 Ein Schuldenfall aus der Praxis

X Beispiel:

Sven und Karin Schuster, beide 25 Jahre alt, möchten als Doppelverdiener erst einmal die Vorzüge des Lebens genießen. Sven arbeitet als Facharbeiter für die Endkontrolle in einer Papierfabrik und verfügt neben einem Nettogehalt von 1.200 Euro über beachtliche Zuschläge für Schichtarbeit in Höhe von 300 Euro. Karin arbeitet als Friseurin mit einem Nettogehalt von 500 Euro. Einen beträchtlichen Betrag hiervon investiert sie gerne für modische Kleidung und für Kosmetika. Sie hält dies in ihrem Beruf für unverzichtbar. Das junge Paar bewohnt eine Zweizimmerwohnung zur Miete und fährt einen gebrauchten, hoch motorisierten Wagen der gehobenen Mittelklasse. Die freie Zeit nutzt man gerne mit gleichgesinnten Freunden, geht oft zum Essen und verbringt die Abende der Wochenenden in geselligen Bars und Kneipen. Im Urlaub reisen die beiden gerne in den warmen Süden. Die Appelle der Eltern doch etwas für später zu sparen und nicht so großzügig zu leben, schlagen die beiden in den Wind.

Durch den Tod der Mutter erbt Sven ein Barvermögen in Höhe von 35.000 Euro. Da Sven und Karin bereits seit längerer Zeit Konflikte mit ihrem Vermieter haben, entscheiden die beiden sich zum Ankauf einer Eigentumswohnung in einer modernen Wohnanlage. Der Kaufpreis für die 85qm große Wohnung beträgt 130.000 Euro. Dies scheint für das junge Paar eine günstige Gelegenheit zu sein.

Mit Blick auf den Eigenanteil von rund ein Drittel des Kaufpreises und die Einkommen der Eheleute stellt die Bank ein langfristiges Darlehen in Höhe von 100.000 Euro mit 5,2% Zinsen und 1% Tilgung zur Verfügung. Bei der zu zahlenden monatlichen Rate für das Immobiliendarlehen in Höhe von 517 Euro monatlich berücksichtigt die Bank jedoch nur die festen Einkommensanteile von Sven (ohne Schichtzuschläge).

Die Freude über die Eigentumswohnung ist groß, jedoch bemerken die beiden sehr bald, dass eine 85qm große Wohnung deutlich mehr Möbel benötigt als die bisherige kleine Zweizimmerwohnung. Am Abend studieren sie gerne die reichhaltigen Prospektangebote der Einrichtungshäuser. Die Teilzahlungsangebote für die angebotenen Möbel sind sehr verführerisch. Gerade für Karin erscheint der Umzug in eine nur teilmöblierte Wohnung völlig unakzeptabel. Immer wieder gibt sie zu bedenken: „Was sollen denn unsere Freunde denken, wenn sie in unsere neue, aber leere Wohnung kommen?". Sie verspricht auch fest, das Budget für Kleidung und Kosmetika deutlich zu reduzieren.

An den nächsten Wochenenden kaufen die beiden Möbel im Werte von 10.000 Euro, obwohl dies 2000 Euro mehr sind, als sie eigentlich kalkuliert haben. Das günstige Teilzahlungsangebot mit Raten von 332 Euro für eine Laufzeit von 3 Jahren erscheint für die beiden aber auch wirklich sehr günstig. Hierbei kalkulieren die Eheleute die Schichtzuschläge von Sven fest ein.

Ein halbes Jahr nach dem Umzug in ihre neue Wohnung, der ihr gemeinsames Giro-konto mit einem Sollsaldo von 2.000 Euro kräftig belastet hat, werden die beiden mit erheblichen Problemen konfrontiert: Sie können ihren Zahlungsverpflichtungen nicht mehr nachkommen.

Der Arbeitgeber von Sven hat erhebliche Absatzprobleme und muss die Arbeits-zeit der Mitarbeiter deutlich reduzieren. Die Zuschläge, die Sven bisher für Nacht- und Wochenendarbeit bezogen hat, entfallen. Auch steht das Thema „Kurzarbeit" im Raume. Zusätzlich meldet sich der eigentlich erst in 5 Jahren geplante Nach-wuchs an.

(Diesen sich leider in der Realität oftmals ereignenden Fall könnte man nun noch mit einer großen Autoreparatur und einer defekten Waschmaschine abrunden.)

Wie hätte die Situation von Sven und Karin vermieden werden können?

Kalkulieren Sie nur feste Gehaltsbestandteile ein. Schichtzuschläge, Tantiemen oder andere leistungsbezogene Gehaltsbestandteile können sehr kurzfristig nicht mehr zur Verfügung stehen.

Reservieren Sie bei der Einnahmen- und Ausgaben-Planung (vgl. Kapitel 2.1) im-mer ein ausreichendes Polster für Reparaturen und kleine Ersatzbeschaffungen ein.

Auch in „guten Zeiten" sollte eine konsequente Ausgabenplanung erfolgen und re-gelmäßig gespart werden. Sie erreichen damit den Effekt, dass Sie einerseits ein Pols-ter für schlechte Zeiten haben und andererseits das Planen von Ausgaben und das Sparen schon gewohnt sind. Es ist sehr schwierig, sich von einem bisher hohen Aus-gabenniveau zu trennen.

„Man kann und muss nicht alles auf einmal haben." Wer ein Haus baut oder eine Wohnung kauft und dies mit Krediten finanziert, kann nicht sofort auch die opti-male Einrichtung haben. Es zeigt sich deutlich: Konsumwünsche müssen erspart werden.

4.2 Schulden und Emotionen

Das Wichtigste in einem Schuldenfall ist, dass Sie gesund bleiben und die Schulden Sie nicht psychisch und – daraus resultierend – physisch krank machen. Leicht gesagt? Sicherlich. Doch in einer schwierigen Lebenssituation sind Sie verpflichtet, alle Möglichkeiten auszuschöpfen und aktiv das Problem anzugehen.

Im Schuldenfall empfehle ich Ihnen deshalb folgende emotionale Übung: Versuchen Sie negative und destruktive Gedanken durch lösungsorientierte zu ersetzen. Richtig funktionieren wird diese Technik nur bei ständiger Wiederholung. Immer wenn Sie finanzielle Ängste plagen, ersetzen Sie diese Gedanken sofort durch eine konstruktive Frage oder Aussage. Lenken Sie Ihre Gedanken auf Lösungsmöglichkeiten.

✗ Beispiel:

Statt zu denken: „Oh je, morgen ist die Rechnung über die Heizungskosten fällig und mein Konto im Soll, ich weiß nicht, ob mein Dispo für die Bezahlung reicht." ändern Sie diesen Satz in „Die Heizrechnung ist morgen fällig. Heute nachmittag prüfe ich gleich, ob ich dafür noch genügend Spielraum durch die Inanspruchnahme des Dispokredits meiner Bank habe. Wenn nicht, wende ich mich sofort an die Stadtwerke und bitte um einen Zahlungsaufschub."

Sprechen Sie auch mit Ihrer Familie oder im engsten Freundeskreis über Ihre Schulden. Es bringt jedoch nichts allen zu erzählen, wie arm Sie dran sind. Damit unterwandern Sie automatisch Ihr Selbstbewusstsein und verhalten sich wie ein Opfer. Mit dem Hinausposaunen und Klagen gewinnen Sie keinen Blumenstrauß, zudem schränken Sie selbst erheblich Ihren Aktionsradius ein. Schlüpfen Sie nicht in die Rolle des bereits aufgebenden Opfers. Denken Sie daran, Sie haben eine Aufgabe zu bewältigen. Nicht mehr und nicht weniger.

Schulden zu haben ist bedrückend und weckt Urängste in uns: Was ist, wenn ich alles verliere?

✗ Geschichte von Andreas

Andreas ist freier Handelsvertreter für Rauch- und Tabakwaren. Als Freiberufler arbeitet er auf eigene Rechnung. Sein Verdienst besteht aus einem geringen Fixum und einer Verkaufsprovision, je nachdem, wie viele Rauchwaren er verkaufen konnte. Obwohl er gut verdiente und keine nennenswerten finanziellen Verpflichtungen hatte, plagten ihn aufgrund einiger privater, langfristiger Ratenkaufverträge Existenzängste – er machte sich ständig Gedanken um die Zukunft. Manchmal wachte er nachts schweißgebadet auf, quälten ihn Alpträume.

Aber Andreas kann in Wirklichkeit überhaupt nichts passieren. Wir leben – zum Glück – in Ländern mit hoher sozialer Sicherheit für alle Bürger. Wenn alle Stricke reißen und Sie in eine Notlage geraten, dann können Sie dieses soziale Netz nutzen. Ganz bestimmt ist es nicht erstrebenswert, von Sozial- oder Arbeitslosenhilfe zu leben oder Verbraucherinsolvenz anmelden zu müssen. Halten Sie sich dies aber als Notnagel in einer solchen schwierigen Situation vor Augen (näheres dazu in Kap. 4.4).

Die emotionale Anspannung durch Schuldenprobleme zieht zudem in der Lebensgemeinschaft oder Partnerschaft eine ganze Reihe weiterer Probleme nach sich. Wenn Sie sich in einer Partnerschaft befinden, beachten Sie bitte: Integrieren Sie Ihren Lebenspartner in Ihre finanziellen Pläne und Vorhaben. Erklären Sie Ihre finanziellen Absichten für Ausgaben und Anschaffungen. Schaffen Sie einleuchtende Gründe für Ihr Sparverhalten, die Sie mit Ihrem Partner kommunizieren können.

Sehr oft beobachte ich, dass Männer sich in die Rolle hineingezwungen fühlen, die Finanzen im Haushalt verwalten zu müssen, weil sie selbst vielleicht der einzige Versorger der Familie sind. Einige dieser Männer machen das offen gestanden eher schlecht als recht. Ich kenne sehr viele Frauen, die in Finanzangelegenheiten ein besseres Fingerspitzengefühl an den Tag legen, als ihre beruflich erfolgreichen Männer. Prüfen Sie deshalb genau, wer von Ihnen beiden die bessere Voraussetzung und die notwendige Motivation dafür mitbringt, um den finanziellen Haushalt zu managen. Scheuen Sie sich als Mann keine Sekunde, die Finanzen aus der Hand zu geben oder besser noch, wirtschaften Sie mit Ihrem Lebenspartner zusammen. Wenn beide finanziellen Erfolg suchen, werden Sie das Ziel auch erreichen und gemeinsames Sparen wird nicht zur Belastungsprobe, sondern zum Vergnügen.

Oft werden Geldprobleme und Schulden dem Partner gegenüber verschwiegen. Dafür kann es drei Gründe geben:

1. Sie befürchten verlassen zu werden, wenn Ihr Lebenspartner von den Schulden erfährt. Da kann ich nur eines raten: Lassen Sie es darauf ankommen und verabschieden Sie sich gegebenenfalls von dieser destruktiven Partnerschaft, die

nur auf Materiellem basiert. Dafür sind Sie als Mensch viel zu wertvoll. Sie können auf Dauer nicht glücklich werden, indem Sie sich das Glück erkaufen müssen.

2. Sie wollen Ihren Lebenspartner schützen und nicht belasten. Das ist ehrenvoll, aber ein schwieriges Unterfangen. Sie müssten nämlich ein verdammt guter Schauspieler sein, wenn Ihr Partner nichts von Ihrer Anspannung merken soll. Ausnahme ist, wenn Sie einen Ignoranten als Partner haben.

3. Sie überspielen die Situation, glauben kurzfristig alles in den Griff zu bekommen und täuschen vor, dass man sich über nichts Sorgen zu machen bräuchte. Wehe, wenn das schief geht.

Meine Antwort dazu: „Wie in guten, so in schlechten Zeiten." – Entweder hält Ihr Partner zu Ihnen oder nicht. Leider höre ich oft von schmerzlichen Trennungen, weil ein Familienmitglied in finanzielle Schwierigkeiten geraten ist. Bei genauerem Hinsehen stellte sich dann heraus: Menschen mit finanziellen Problemen leiden derartig unter der Situation, dass eine negative Verhaltensveränderung eintritt, wie z.b. die erwähnte Verheimlichung des Finanzproblems oder das „Schön-Reden" der Situation. Unzufriedenheit resultiert in Ungleichgewicht und dann ist einfach kein Auskommen mehr mit dieser Person.

4.3 Schulden und ihre Ursachen – einige Tipps zum Kaufverhalten

Ursache für Schulden ist unter anderem das eigene Konsumverhalten. So reichen die Wurzeln unseres heutigen Kaufverhaltens bis in unsere Kindheit zurück. Wir rufen beim Kaufen alte Erinnerungen in uns wach, denen wir reflexartig folgen. Hier einige Tipps zur Überprüfung des eigenen Kaufverhaltens:

Viele Menschen sind mittlerweile gewohnt per Kreditkarte zu kaufen. Viele zögern eher, wenn es gilt Bargeld auszugeben. Also wird bequem mit der unerschöpflichen Kreditkarte gezahlt. Kreditkarten gaukeln uns unendliche Geldreserven vor.

Nicht nur Versand- und Kaufhäuser bieten zudem bequeme Rückzahlungsmöglichkeiten und lange Zahlungsziele an. Sehr oft gilt das Motto: „Warum heute bezahlen, wenn's auch morgen geht?". Solche Slogans lassen leicht vergessen, dass die Anschaffungen das eigene Budget und Einkommen bei weitem übersteigen.

Marken beeinflussen unser Kaufverhalten stark. Jeder will privilegiert sein und Eindruck auf andere machen. Das geht am einfachsten durch Marken. Fragen Sie einmal jemanden der nur Markenkleidung trägt, warum er gleiche Qualität für teures Geld kauft, wenn die Kleidung ein bekanntes Designerlabel ziert. Die Antwort ist beinahe immer die gleiche: „Man fühlt sich irgendwie besser, wenn man etwas vom Topdesigner trägt."

Menschen mit hohem Markenbewusstsein erkaufen sich Selbstbewusstsein. Die Illusion „es" geschafft zu haben, scheint am Tragen teurer Marken darstellbar.

✗ Schein und Sein

Stellen Sie sich zwei Personen vor:

Die erste Person glänzt durch einen hochwertigen Armanianzug, sie trägt eine auffällige goldene Schweizer Uhr am Handgelenk und italienische Schuhe aus edlem Leder. In der Brusttasche des maßgeschneiderten Hemdes steckt eine *American-Express Kreditkarte,* Platinum versteht sich. In den Händen hält diese Person einen für alle gut sichtbaren *Mercedes-Benz-Schlüssel.* Die Haare sind auffällig blond gesträhnt, auf der Nase sitzt eine teure *Gucci-Brille* wie angegossen.

Die zweite Person trägt ebenfalls attraktive Business-Kleidung, jedoch eher dezenten Schmuck. Auf dem Autoschlüssel in der Hand steht diesmal *Jeep Cherokee.* Sie wirkt fast ein wenig langweilig.

Es ist schon seltsam: Die zuerst beschriebene Person hat rund 275.000 Euro Schulden. Die zweite Person dagegen ist schuldenfrei und verfügt über ein Vermögen über rund 120.000 Euro, welches gut in verschiedene Anlagen investiert ist.

Dem Kaufverhalten war unter anderem Professor Daniel Kahneman auf der Spur. Er untersuchte an der *Princeton University*, USA, wie Menschen mit Geld umgehen und kam zu dieser Erkenntnis: Die meisten Menschen neigen bei Geldangelegenheiten zu Optimismus. Dies zeigt sich in den folgenden Ergebnissen (vgl. Kahneman: Choices, Values and Frames. 2000):

1. Mit unvorhersehbaren Ereignissen wird kaum kalkuliert.
2. Bei Investitionen werden zu hohe Renditen und Gewinne erwartet.
3. Ausgaben werden heute getätigt und mit dem Einkommen von morgen bezahlt.
4. Oft wird überschätzt, was in einem Jahr erwirtschaftet wird.

Irgendwie müssen Sie es schaffen, im Schuldenfall den Konsum zu drosseln. Es ist machbar und es ist zum Wohl Ihrer finanziellen Freiheit. Lernen Sie etwas bescheidener zu werden und seien Sie dankbar für das, was Sie haben. Jagen Sie nicht einem übertriebenen und aufwändigen Lebensstil nach. Sie haben es nicht nötig, andere zu beeindrucken.

Was mich immer wieder erstaunt ist, dass wir versuchen, Menschen zu beeindrucken, die uns gar nicht so wichtig sind oder die wir in kurzer Zeit sowieso nicht mehr sehen. Manchmal ist uns wichtiger, was Fremde von uns denken, als unsere eigene Familie. Sie werden Anerkennung niemals erkaufen können. Tun Sie sich das nicht an. Stecken Sie für eine Zeit zurück. Sparen Sie. Das bedeutet nicht, den Gürtel ohne Maß enger zu schnallen und ausschließlich schmerzliche Einschränkungen vorzunehmen. Achten Sie deshalb in Zukunft stärker auf Ihr Kaufverhalten.

4.4 Tipps und Maßnahmen für eine schuldenfreie Zukunft

Schulden vermeiden

Wenn Sie Schulden vermeiden wollen, dann haben Sie eine kleine finanzielle Herausforderung zu bewältigen.
Sie wollen nicht warten. Schließlich haben Sie für Ihr Einkommen hart gearbeitet und wollen jetzt leben, nicht morgen. Um trotzdem nicht in die Schuldenfalle zu tappen, sollten Sie diese Punkte – neben Ihrem ausgefüllten Finanzplan aus Kapitel 2 – berücksichtigen:

✓ Große Anschaffungen grundsätzlich überschlafen. Genauso, wie Sie auch bei jeder wichtigen Entscheidung nicht impulsiv handeln. Verkäufer sind wahre Genies, wenn es darum geht Bedürfnisse zu verstärken und Sie vom Sofortkauf zu überzeugen. Nicht umsonst hat der Gesetzgeber einen Schutz für den Verbraucher geschaffen, um übereilte Kaufentscheidungen rückgängig zu machen. Überlegen Sie sich genau, ob Sie diese Ausgabe tätigen wollen oder müssen.

✓ Überlegen Sie sich jedes Mal: Könnte ich das Geld nicht anders besser gebrauchen? Setzen Sie Prioritäten bei allen Anschaffungen und Ausgaben, besonders bei höherwertigen Gütern. Setzen Sie sich dazu eine Grenze, z.B. die in Wirtschaft und Steuerrecht gängige: Dort gelten alle Güter mit einem Anschaffungspreis über 410 Euro als Anlagegüter. Sie können die Grenze selbstverständlich persönlich auch niedriger setzen, z.B. auf 100 Euro.

✓ Vergleichen Sie mindestens drei Angebote bei allen Gütern, die über dieser Grenze liegen, bevor Sie sich entscheiden. Fallen Sie nicht auf den Trick herein, das Produkt könnte morgen schon weg sein. Dieses künstliche Verknappungsargument funktioniert leider immer wieder. Sollte das Produkt bei einer späteren Kaufentscheidung nicht mehr verfügbar sein, dann hat es eben nicht sein sollen.

✓ Setzen Sie sich ein monatliches Limit für die jeweiligen Einkäufe und Ausgaben. Haben Sie wie in Kapitel 2 einen Finanzplan aufgestellt, können Sie diesen Betrag problemlos ablesen. Wenn das Limit überschritten wird, warten Sie auf den nächsten Monat, bis Sie über das Budget vom nächsten Monat verfügen. Mit dieser Disziplin bringen Sie sich selbst ein gesundes Sparverhalten bei und stehen am Ende des Monats nicht plötzlich mit leeren Taschen da.

Mit Recht sagen Sie jetzt: Schulden lassen sich für große Anschaffungen gar nicht vermeiden. Richtig. Hier gilt es zu differenzieren. Schulden sind nicht gleich Schulden. Das gilt für Selbstständige wie für Angestellte. Da gibt es zum einen Investitionen ins Geschäft, in die berufliche Zukunft, wertsteigernde Immobilien oder andere Gegenstände, die einen Wertzuwachs darstellen oder für eine lange Zeit genutzt werden sollen. Sie sind oft nicht sofort oder allein mit Eigenkapital finanzierbar. Solange Sie trotzdem Ihren laufenden Zahlungsverpflichtungen nachkommen können, ist dies kein Problem. Erst, wenn Sie mit Ihren laufenden Einnahmen Ihre Ausgaben und diese Zahlungsverpflichtungen nicht mehr erfüllen können, ist eine Überschuldung eingetreten.

Und dann gibt es Kredite für Konsum, Luxusgüter oder vergängliche Werte. Kredite aufnehmen, um Luxus und Wohlstand heute schon auszuleben und sich für spätere Arbeiten zu belohnen, ist kurzsichtig.(Denken Sie an Sven und Karin aus dem Beispiel in Kapitel 4.1) Besonders dann, wenn Sie ohne fundierte Überlegung zur Rückzahlung und zum künftigen Einkommen in Anspruch genommen werden. Die kurzfristige Freude, Wohlstand auf Pump zu erleben, wird sich bald als Alptraum entpuppen. Als würden Sie sich in einem Hamsterrad befinden: Sie arbeiten dann irgendwann nicht mehr für sich, sondern Sie arbeiten für den Abbau der Schulden, also für andere. Das kann für einige Zeit gut gehen, bis zu dem Zeitpunkt, an dem die Schulden zu einem Berg angewachsen sind.

Unterscheiden Sie deshalb bei größeren Anschaffungen zwischen „positiven" und „negativen" Schulden. Negative Schulden entstehen durch maßlosen Konsum und Anschaffungen, die keinen oder nur einen geringen Gegenwert haben. Jeder kann einmal in diese Konsumfalle tappen. Wie oft haben wir in der Vergangenheit Dinge gekauft, die wir überhaupt nicht gebrauchen und irgendwo im Schrank oder im Keller verstaut haben – Sachen, die in keiner Form zu unserer heutigen Lebensqualität beitragen.

Noch ein Hinweis: Berücksichtigen Sie bei Ihren Zahlungsverpflichtungen auch das Mahnrecht, um Schulden zu vermeiden. Dieses wurde 2000 in Deutschland neu geregelt (Gesetz zur Beschleunigung fälliger Zahlungen). Danach muss eine Rechnung grundsätzlich sofort gezahlt werden. Erfolgt innerhalb von 30 Tagen keine Zahlung, so kann der Gläubiger die Forderung einklagen. Es ist grundsätzlich keine Mahnung des Gläubigers notwendig. Dieses Mahnrecht gilt für alle Lebensbereiche.

Schulden überwinden

Droht Ihnen trotz Finanzplanung und überlegtem Kaufverhalten die Überschuldung, sollten Sie den Kopf nicht in den Sand stecken. Führen Sie zunächst eine Schuldenanalyse durch:

1. Nehmen Sie sich einen Block zur Hand und benennen Sie Ihre ernsthaften finanziellen Probleme und Schulden. Bringen Sie alle jetzigen Schuldenpositionen zu Papier. Nutzen Sie dazu auch den erstellten monatlichen Finanzplan aus Kapitel 2. Welche unvermeidlichen Ausgaben daraus können Sie momentan nicht finanzieren? Führen Sie alle offenen Rechnungspositionen, also auch Rechnungen, die noch nicht angemahnt worden sind, auf.

2. Bei der Analyse und Bearbeitung von Schulden gehen Sie grundsätzlich in der Reihenfolge der Wichtigkeit und Dringlichkeit vor, nicht nach der Art und Höhe der Schulden oder nach dem Gläubiger.

Gehen Sie nach dieser Analyse aktiv und nicht defensiv vor. Was ist damit gemeint? Die meisten Schuldner machen die Augen zu, verkriechen sich in eine Ecke und harren der Dinge, die da kommen. Ein Kardinalfehler vieler verschuldeter Menschen ist das Verdrängen und das „Nicht-wahr-haben-wollen". Dies beginnt meistens mit dem beliebten Hinauszögern von fälligen Zahlungen oder fadenscheinigen Entschuldigungen (der Scheck ist bereits unterwegs ...). Belügen Sie sich und Ihre Gläubiger nicht, sondern stellen Sie sich dieser Herausforderung. Seien Sie erreichbar für die Gläubiger. Sie bekommen das Schuldenproblem nur aktiv in den Griff. Auch wenn es Zeit und viele Anläufe braucht. Sie müssen sich selbst aus dem Schlamassel herausziehen. Hilfe bei der Schuldenanalyse und Planung der Schuldenzahlung bietet Ihnen eine Vielzahl von Schuldnerberatungen. Nähere Informationen finden Sie dazu im Anhang.

Wenn Sie die gesamten Schulden definiert haben und alle Gläubiger mit den entsprechenden Beträgen notiert sind, gehen Sie wie folgt vor: Entwerfen Sie einen persönlichen Brief, der möglichst sachlich formuliert ist und die Fakten kurz darstellt. Vermeiden Sie persönliche Emotionen und an den Haaren herbeigezogene Gründe für Ihre derzeitige Situation. Bemühen Sie sich statt dessen mittels direkter Ansprache um eine Lösung zusammen mit den Gläubigern. Aufgeführt werden sollte, dass Sie aufgrund Ihrer Überschuldung derzeit nicht in der Lage sind, die offenen Beträge sofort zu bezahlen. Schreiben Sie ausschließlich Gläubiger an, die mit Ihnen Kontakt aufnehmen. Andere Gläubiger, die ihre Forderung nicht bei Ihnen geltend machen wollen oder können, sollten Sie nicht noch auf sich aufmerksam machen. Das sollte nicht falsch verstanden werden. Natürlich sollen immer alle Rechnungen pünktlich und vollständig bezahlt werden. Trotzdem sollten Sie auch unkonventionelle Wege prüfen.

Infobrief an die Gläubiger

Sehr geehrte Damen und Herren,

mit diesem Schreiben bestätige ich den Erhalt Ihrer Rechnung/Forderung/Mahnung vom ...
Aufgrund meiner derzeitigen finanziellen Situation ist es mir leider nicht möglich Ihre Forderung sofort auszugleichen, da ...
Innerhalb der nächsten 10 Tagen werde ich zusammen mit meinem/meiner ... (Steuerberater/Finanzberater/Geschäftspartner/Familie) einen realistischen Zahlungsplan für die vollständige Tilgung meiner Schulden erarbeiten. Bis dahin bitte ich Sie um Geduld und stehe für Rückfragen selbstverständlich zur Verfügung. Sie erreichen mich unter ...

Vielen Dank für Ihre Geduld.

Mit freundlichen Grüßen

Erwähnen Sie in Ihrer Information an die Gläubiger, dass Sie zusammen mit einem professionellem Partner, z.B. einer Schuldnerberatung, einem Rechtsanwalt, einem Steuerberater, an einem Finanzplan arbeiten und sich spätestens in 10 Tagen mit einem konkreten Vorschlag für die Begleichung der Außenstände melden werden. Bei einem Zeitraum von 10 Tagen fühlt sich kein Gläubiger hingehalten. Erfahrungsgemäß werden sich dennoch einige Geldeintreiber telefonisch melden und sich genau erkundigen wollen, wie es um Ihre Finanzen steht. Verweisen Sie in diesem Fall auf Ihre Anstrengungen, das Problem schnellstmöglich in den Griff zu bekommen und bitten Sie um etwas Geduld. Selbst wenn ein Gläubiger sich telefonisch meldet und einen drohenden Tonfall anschlägt, bleiben Sie ruhig, gelassen und vor allem zuversichtlich. Lassen Sie sich auf gar keinen Fall von provokativen Inkassobüros und Rechtsanwälten mit großem Namen einschüchtern, auch wenn sie mit allem drohen, was die Gesetze zu bieten haben. Mit dem Säbel zu rasseln gehört nun einmal zum Geschäft.

Mit Zuhilfenahme von Verbraucherverbänden, öffentlichen Schuldnerberatungen und einzelner Abzahlungs- und Vergleichsverträge ist der Weg zur Selbstsanierung grundsätzlich möglich. Die private Schuldensanierung stößt jedoch schnell an Grenzen. Vieles hängt davon ab, wie geschickt die Beteiligten jeweils verhandeln oder gar feilschen. Auch Sympathien, Antipathien und die Regeln des „Katz-und-Maus-Spiels" beeinflussen das Ergebnis von Vergleichsverhandlungen. Verhandeln Sie deshalb strategisch klug mit Ihren Gläubigern. Die persönliche Situation oder die Gründe, weshalb Sie verschuldet sind, interessieren in der Regel keinen. Konzentrieren Sie sich auf die Fakten und auf die Möglichkeiten, wie das Geld schnellstmöglich bezahlt werden kann. Nur das ist von Interesse. Bekräftigen Sie Ihren Vorsatz, die Angelegenheit schnell und einvernehmlich bereinigen zu wollen.

In der Regel haben Sie nun eine weitere Woche Zeit, um Ihre Finanzen zu klären. Dazu gehört eine Aufstellung über die künftige Schuldentilgung.

✗ Schuldentilgung

Nach Abzug aller laufenden monatlichen Lebenshaltungskosten bleibt Sabine M. ein Betrag von 200 Euro übrig. Dieser Betrag wird nach einem festgelegten Schema für ihre Schuldentilgung verwendet. Basis ist Sabines Schuldenanalyse, die ergab, dass die Forderungen von Max Meier, Fred Muster und der Firma Russ am dringlichsten zu tilgen sind. Nach einem Brief an die Gläubiger und einem anschließenden Gespräch konnte sie sich mit allen Gläubigern auf eine Ratenzahlung einigen. Sie stellt folgenden Plan auf:

Gläubiger	Gesamtforderung	%	Zahlung pro Monat
Max Meier	2.000	26,67	53,34
Fred Muster	3.000	40,00	80,00
Firma Russ	2.500	33,33	66,66
Total	**7.500**	**100%**	**200,00**

Es gibt auch Beispiele aus der Praxis, bei denen Gläubiger auf Ihre Forderungen verzichten. Warum sollten sie das tun? Eine sachliche Information und das Angebot, einen Teil der Forderungen sofort oder sehr zügig zahlen zu können, wenn im Gegenzug ein Teilverzicht gewährt wird, ist für viele Gläubiger eine attraktive Lösung. Erübrigt sich doch damit eine langwierige Prozedur für beide Seiten. Schließlich gibt es für den Gläubiger kaum eine Garantie, dass der Schuldner einen langfristigen Tilgungsplan auch tatsächlich einhält. Besonders heute gilt der Grundsatz: „Lieber der Spatz in der Hand als die Taube auf dem Dach."

Rechnen Sie deshalb aus, welchen Betrag Sie jedem Gläubiger sofort bzw. zügig begleichen können, wenn er im Gegenzug auf einen Teil seiner Forderung verzichtet. In der Regel geben sich die Gläubiger, die fair und ehrlich behandelt worden sind, mit einer Vergleichszahlung von ca. 70% zufrieden. Davon können Sie wiederum die Hälfte als Sofortzahlung und den Rest auf Raten bis zur vollständigen Tilgung der Vergleichssumme verhandeln. Diese Art der Schuldensanierung ist die beste für alle Parteien. Sie entledigen sich dadurch schnell der Schulden und der Gläubiger kann die Angelegenheit unproblematisch abschließen.

Ganz wichtig: Verzichten Sie auf dubiose Schuldenregulierungsfirmen und antworten Sie nicht auf Anzeigen in der Zeitung mit der Überschrift: „Wir helfen – Sofortkredit einfach und schnell". Sie müssen Ihre Entschuldung selbst in die Hand nehmen. Dazu benötigen Sie keine Kredithaie oder teure Darlehen von so genannten Sofortkreditbanken, die angeblich ohne Prüfung Geld verschenken. Vergessen Sie nicht: Misstrauen ist ein guter Wegefährte, wenn es um Geld geht.

Selbstverständlich gilt in Ihrer Zeit als Schuldner: Machen Sie keine neuen Schulden. Ändern Sie Ihre Einstellung beim Geldausgeben (vgl. Kapitel 4.3) und malen Sie sich bereits heute den Tag aus, an dem Sie es endlich geschafft haben, schuldenfrei zu sein. Dass dies auch tatsächlich zu schaffen ist, zeigt das folgende Beispiel.

✗ Geordnetes Krisenmanagement

Schreinermeister Fichte, 42 Jahre alt, ist seit Jahren Inhaber einer größeren Schreinerei. Nach sehr erfolgreichen Jahren in den Boomzeiten der Baukonjunktur wird nun auch sein Betrieb mit den Problemen ständig rückläufiger Bauaufträge konfrontiert. In enger Kooperation mit seinem Steuerberater, der Handwerkskammer, seiner Hausbank und einem externen Berater von Alt hilft Jung e.V. (Adresse im Anhang) hat er in den letzten Jahren umfangreiche Versuche unternommen den Betrieb durch Rationalisierungen, Reorganisationen, Neuausrichtung der Produktpalette aber auch durch eine deutliche Reduzierung der Mitarbeiter den immer schwieriger werdenden Bedingungen anzupassen. Nachdem nun ein Großauftrag für den Bau einer Eigenheimsiedlung nicht zustande kommt – auf diesen hatte er alle Hoffnungen gesetzt –, entschließt sich Holz nach langen Überlegungen mit seinem Steuerberater und einem externen Berater seine Unternehmung zu liquidieren. Es gilt noch größeren finanziellen Schaden durch weitere Unternehmensverluste abzuwenden.

Zu diesem Zeitpunkt haben das Unternehmen und Herr Holz privat folgende Schulden bei der Bank:

Ein langfristiges Investitionsdarlehen beläuft sich noch auf rund:	200.000 Euro
Das Kontokorrentkonto des Betriebs weist einen Sollsaldo auf in Höhe von:	100.000 Euro
Herr Holz hat privat hat noch ein langfristiges Darlehen für seine Hausbaufinanzierung in Höhe von:	100.000 Euro
Summe der Schulden:	**400.000 Euro**

Die Kredite bei der Bank sind durch eine Grundschuld zu Lasten des Eigenheims in Höhe von 250.000 Euro, Sicherungsübereignung der Maschinen und der beiden Firmenfahrzeuge sowie Abtretung von Kundenforderungen abgesichert.

In enger Zusammenarbeit zwischen Unternehmer Holz, dem Steuerberater und der Bank wird nun ein Maßnahmenplan für die schrittweise Liquidation des Unternehmens und eine sinnvolle Verwertung der Sicherheiten festgelegt. Dieser sieht vor, dass die Maschinen und der Fuhrpark sukzessive freihändig verkauft werden. Der noch bestehende Forderungsbestand wird an ein Inkassobüro abgetreten, damit ein zügiger Geldeingang ohne Verwaltungsaufwand für Holz sichergestellt werden kann. Da mit dem Betriebsvermögen die Schulden nicht abgedeckt werden können, ist es Herrn Holz klar, dass er das private Einfamilienhaus ebenfalls verkaufen muss. Die Bank sagt Holz größtmögliche Unterstützung bei der Liquidation seines Unternehmens zu. Sie begleitet ihn mit einem ausreichend kalkulierten Finanzrahmen – dieser wurde gemeinsam von Unternehmer, Steuerberater und Bank erstellt –, damit die Verkäufe des betrieblichen Inventars und des Eigenheims in Ruhe – ohne Panik und hieraus resultierende Verluste – abgewickelt werden können. Bei den Konditionen kommt die Bank Herrn Holz entgegen: Sie verzichtet auf Überziehungszinsen und reduziert den Kontokorrentzins um 2%. Durch diese Maßnahmen würdigt sie, dass Holz von sich aus sofort vorschlägt, das Eigenheim zügig zu verkaufen, auch wenn dies mit dem Umzug der Familie in eine Mietwohnung verbunden ist. Die Bank unterstützt Holz beim Verkauf seines betrieblichen Inventars, indem sie durch ihre überregionalen Kontakte den Verkauf an einen anderen Kunden der Bank vermittelt. Maschinen und Fuhrpark können so zum Buchwert der Güter veräußert werden. Auch kann die Bank durch ihre Immobiliengesellschaft den Verkauf des Eigenheimes zügig und diskret abwickeln.

Nach Verkauf des Hauses und des betrieblichen Inventars verbleibt noch eine Restschuld in Höhe von 50.000 Euro. Bank und Holz einigen sich auf eine Rückzahlung innerhalb von 5 Jahren. Für dieses Darlehen erhält Holz einen moderaten Zinssatz. Da Herr Holz zwischenzeitlich eine Meisterstelle in der Möbelfabrik gefunden hat, ist diese Rückzahlung auch möglich. Darüber hinaus können Herr Holz und seine Familie in eine finanziell bescheidene, aber gesicherte Zukunft blicken.

Was hat Schreinermeister Holz richtig gemacht?

Er hat sich frühzeitig beim Auftauchen der Probleme sachkundigen Rat geholt und die Bank frühzeitig eingebunden. Die Partnerschaft zwischen Herrn Holz und seiner Bank stand auf stabilen Füßen.
Holz geht das Problem offensiv an, er „vertuscht" die Probleme nicht, sondern gibt alle notwendigen Informationen, somit kann in enger Kooperation mit seinem Steuerberater und seiner Bank die Krise konstruktiv gelöst werden.

Somit blieb für Herrn Holz die Bank auch in der Krise ein Partner. Die Liquidation des Unternehmens war durch einen ausreichend bemessenen Finanzrahmen abgesichert. Holz konnte – in diesem Fall noch mit Hilfe der Bank – seinen Betrieb in Ruhe liquidieren und sein Haus verkaufen. Zwangsläufige Verluste durch hektische „Notverkäufe" konnten somit vermieden werden.

Auch wenn die Liquidation der Firma und der Verkauf des eigenen Hauses sicherlich eine außerordentlich schwere Belastung für den Schreinermeister und seine Familie waren, so wurden ihre Probleme wirtschaftlich ordentlich gelöst. Die Emotionen wurden nicht noch mit zusätzlichen Ängsten vor der Bank belastet. Der finanzielle Weg in die Zukunft ist für Herrn Holz und seine Familie geordnet.

Was ist, wenn nichts mehr geht?

Ihnen bleibt im Monat einfach nichts übrig, um Ihre Schulden zu bezahlen? Ihnen stehen keine Reserven zur Verfügung? Dann können Sie das bereits erwähnte soziale Netz für Überschuldete nutzen: Die Verbraucherinsolvenz. Die Verfahren an den Amtsgerichten sind leider langwierig und kompliziert. Spätestens jetzt müssen Sie sich auch mit folgenden Begriffen auseinander setzen:

• eidesstattliche Versicherung
• pfändbare Beträge

Eidesstattliche Versicherung

Eine eidesstattliche Versicherung ist die Offenlegung der eigenen Vermögenssituation, die Gläubiger auf Antrag verlangen können. Dies können sie aber nur, wenn bereits eine Reihe von Voraussetzungen eingetreten ist: So muss dem Schuldner bereits ein Vollstreckungsbescheid bzw. Titel zugestellt sein, es muss bereits eine erfolglose Pfändung stattgefunden haben (keine ausreichende Befriedigung der Ansprüche des Gläubigers) oder der Schuldner hat im Vorfeld eine Wohnungsdurchsuchung verweigert bzw. eine Pfändung vereitelt.

Zur Vervollständigung möchte ich erwähnen, dass es Mittel und Weg gibt, die Abgabe der eidesstattlichen Versicherungen bis auf 6 Monate hinauszuzögern. Wenn Sie Möglichkeiten innerhalb dieser Frist sehen, Teile Ihrer Schulden zu tilgen, sollten Sie diese Variante nutzen. Die Ämter und Vollstreckungsstellen der Gerichte sind allesamt überlastet. Verständigen Sie sich mit dem Gerichtsvollzieher auf kleine Teilzahlungen. Wenn Sie glaubhaft machen, dass Sie die Forderungen in absehbarer Zeit begleichen können, wird man von der sofortigen Abgabe der eidesstattlichen Versicherung absehen. Auch an dieser Stelle rate ich dringend davon ab, sich „tot zu stellen", z.B. keine Post zu öffnen oder dem Gerichtsvollzieher aus dem Weg zu gehen. Ganz im Gegenteil, ergreifen Sie die Initiative und beweisen Sie, dass Sie verantwortlich handeln und sich um die Angelegenheit ernsthaft kümmern.

Pfändbare Beträge

Die Pfändungsgrenzen – Grenzen, ab denen das Arbeitseinkommen eines Schuldners gepfändet werden kann – sind in Deutschland und in der Schweiz sehr hoch. Ihnen bleibt bei einer Pfändung genug zum Leben. Ihre Existenz ist damit gesichert, auch wenn das Verbraucherinsolvenzverfahren mit vielen Einschränkungen verbunden ist. Sachpfändungen kommen z.B. nur selten vor, sofern Sie nicht gerade einen auffälligen Sportwagen oder teuren Schmuck besitzen.

Die so genannten Pfändungsfreigrenzen sollen in Zukunft jeweils an die Preisentwicklung angepasst werden.

Das neue Insolvenzrecht trat am 1.1.1999 in Deutschland in Kraft. Es betrifft insolvente Unternehmen als auch insolvente Verbraucher und ermöglicht bei einem Verbraucherinsolvenzverfahren die so genannte Restschuldbefreiung. Dabei kann überschuldeten Verbraucherinnen und Verbrauchern bereits nach 6 Jahren ihre Restschuld erlassen werden.

Ziel des neuen Gesetzes ist es, Wege aus der Überschuldung zu finden. Besonders hervorgehoben sind:

• Rückgewinnung wirtschaftlicher Planungsfähigkeit
• Förderung persönlicher Stabilität
• Perspektiven fördernde Erfahrungen
• Nutzung transparenter Verfahren

Die Ziele sind in § 1 der Insolvenzordnung zusammengefasst:

> Das Insolvenzverfahren dient dazu, die Gläubiger eines Schuldners gemeinschaftlich zu befriedigen, indem das Vermögen des Schuldners verwertet und der Erlös verteilt oder in einem Insolvenzplan eine abweichende Regelung insbesondere zum Erhalt des Unternehmens getroffen wird. Dem redlichen Schuldner wird Gelegenheit gegeben, sich von seinen restlichen Verbindlichkeiten zu befreien.

Die Insolvenz des Schuldners war und ist für ungesicherte Gläubiger mit einem erheblichen oder gar totalen Forderungsausfall verbunden. Das neue Insolvenzgesetz soll im Vergleich zur früheren gesetzlichen Regelung neben dem Gläubigerschutz dem Schuldner Rechte einräumen. Eine gesetzliche Reglementierung für betroffene Schuldner, die nicht in der Lage sind, eigene Schulden in den Griff zu bekommen, war längst überfällig. Die bisherige wirtschaftliche Perspektivlosigkeit für den Schuldner barg wohl die größte Gefahr. Sah sich doch ein Schuldner bis an die Grenze der Verjährung der Gläubigeransprüche gegen ihn einer Vollstreckung ausgesetzt und hatte kaum eine realistische Chance auf eine Besserung seiner Vermögenslage. Der Schuldner war der Möglichkeit beraubt, sich durch den Einsatz der eigenen Arbeitskraft wieder Einkünfte und Vermögen zu schaffen.

Trotz zweijähriger Anwendung wirft das neue Insolvenzrecht noch immer viele Fragen auf. Im Folgenden sind deshalb die wichtigsten Punkte dazu genannt.

Wie funktioniert die Verbraucherinsolvenz nach dem neuen Insolvenzrecht?
Voraussetzung für den Start eines solchen Verfahrens ist die vorherige Bemühung um eine außergerichtliche Einigung (vgl. S. 62ff.). Diese muss bei Beantragung bestätigt werden. Eine solche Bestätigung erhält der Schuldner von einer geeigneten

Person oder Stelle, die ihn bei einem Einigungsversuch unterstützt. Das können die bereits genannten Schuldnerberatungsstellen, ein Rechtsanwalt oder ein Steuerberater sein.

Erzielt der Schuldner hierbei keine Einigung mit seinen Gläubigern, kann er den Antrag auf Verbraucherinsolvenzverfahren beim zuständigen Amtsgericht stellen und eine Restschuldbefreiung beantragen. Vordrucke dazu gibt es bei den Schuldnerberatungsstellen und Amtsgerichten. Auch hier prüft das Gericht zunächst die Möglichkeit einer Einigung zwischen Schuldner und Gläubigern. Ist auch dieser Versuch nicht von Erfolg gekrönt, erfolgt das gerichtliche Verfahren. Auch hier wird ein Schuldentilgungsplan (vgl. S. 64) erstellt. Der Schuldner hat dann die in diesem Plan enthaltenen Verpflichtungen zu erfüllen. Nach dem Insolvenzverfahren setzt die so genannte Wohlverhaltensperiode ein. Der pfändbare Teil des erzielten Arbeitseinkommens wird während dieser unmittelbar über einen Treuhänder (durch Abtretung) an die verschiedenen Gläubiger verteilt, die im Rahmen dieser Entschuldungsregulierung geprüfte Forderungen angemeldet haben. Verstößt der Schuldner gegen seine Pflichten, indem er beispielsweise Gelder hinter dem Rücken der Gläubiger vereinnahmt, muss er damit rechnen, dass ihm die Restschuldbefreiung versagt wird. Mit dieser gerichtlichen Versagung auf Restschuldbefreiung tritt automatisch eine zehnjährige Sperrfrist ein. Restschuldversagungsgründe liegen nach § 290 InsO zudem vor, wenn:

- der Schuldner wegen strafrechtlicher Delikte (§§ 283 bis 283c Strafgesetzbuch) rechtskräftig verurteilt wurde,
- der Schuldner innerhalb der letzten 10 Jahre vor der Beantragung des Insolvenzverfahrens eine Restschuldbefreiung erhalten hat oder ihm versagt wurde,
- der Schuldner vorsätzlich oder grob fahrlässig falsche Angaben gemacht hat,
- der Schuldner unangemessene Verbindlichkeiten begründet oder Vermögen verschwendet oder ohne Aussicht auf Besserung der eigenen wirtschaftlichen Lage die Verfahrenseröffnung verzögert hat.

Der Schuldner unterliegt während des Zeitraums der Aufsicht des Treuhänders. Sollte der Schuldner während der Wohlverhaltensperiode erben, muss er die Hälfte davon seinem Treuhänder bzw. Gläubiger abgeben.

Der Schuldner muss in dieser Zeit auch einer Erwerbstätigkeit nachgehen. Sollte der Schuldner ohne Erwerb sein, muss er sich um eine Tätigkeit bemühen und kann keine zumutbare Tätigkeit ablehnen:

„Dem Schuldner obliegt es, während der Laufzeit der Abtretungserklärung
1. eine angemessene Erwerbstätigkeit auszuüben und, wenn er ohne Beschäftigung ist, sich um eine solche zu bemühen und keine zumutbare Tätigkeit abzulehnen; ..."

Die Periode wird auf fünf Jahre verkürzt, wenn vor dem 1. Januar 1997 bereits Zahlungsunfähigkeit vorlag.

Für den Schuldner gibt es eine zusätzliche Motivation für das ehrliche Einhalten der Wohlverhaltensperiode. Sie ist unabhängig von der Höhe des Schuldenturms und wird am Ende des Zeitraums deutlich. Im fünften Jahr verbleiben dem Schuldner zehn Prozent, im sechsten Jahr 15 Prozent und im siebten Jahr 20 Prozent der pfändbaren Beiträge. Diese Regelung wird als „Motivationseinbehalt" oder „Durchhalteprämie" bezeichnet.

Das Verfahren stellt offensichtlich eine erhebliche Verbesserung der Situation für den Schuldner dar. Zum Vergleich: Die Forderungstitel eines Gläubigers vor Gültigkeit des neuen Insolvenzrechts hatten eine Wirksamkeit von 30 Jahren. Der Gläubiger konnte in diesem Zeitraum seine Forderung zwangsweise geltend machen. Mit dem neuen Insolvenzrecht muss er nun nach der Wohlverhaltensperiode des Schuldners damit rechnen, Teile seiner Forderung abzuschreiben.

Denn nach der Wohlverhaltensperiode erlässt das Amtsgericht die bisherigen Schulden, wenn sich der Schuldner redlich verhalten hat. Anstatt sich um verärgerte Gläubiger und böse Mahnbriefen bis hin zur Pfändung kümmern zu müssen, hat der Schuldner die Chance, zukunftsgerichtete Perspektiven zu verfolgen und sich eine neue finanzielle Existenz aufzubauen.

Wie viel kostet eine Verbraucherinsolvenz?
Während des gesamten Verfahrens fallen Kosten an. Diese Verfahrenskosten hat der Schuldner zu tragen. Sie können ihm jedoch gestundet werden und nach der Restschuldbefreiung in Raten abgezahlt werden.

Die Verfahrenskosten belaufen sich in der Regel auf rund 1.000 bis 1.500 Euro. Zudem erhält der Treuhänder eine Vergütung. Sie beträgt 15 Prozent des Verwertungserlöses, mindestens jedoch 250 Euro. In bestimmten Sonderfällen kann dieser Betrag auf rund 100 Euro reduziert werden.

Wie wichtig eine wirksame Restschuldbefreiung ist, zeigen die Verhältnisse in den Vereinigten Staaten. Dort scheitern die meisten gerichtlichen Vergleiche, die eine maximale Laufzeit von vier Jahren betragen. Durch die starren und unflexiblen Vergleichsinhalte werfen die meisten Schuldner bereits im ersten Jahr das Handtuch. Primär fehlt es in den Vereinigten Staaten an einer funktionierenden Schuldenberatung und mit 1,3 Millionen Verfahren pro Jahr zeigt sich eine inzwischen ernsthafte Belastungsprobe der gesamten US-Wirtschaft.

In Deutschland will man derartige Fehler bei der Armutsbekämpfung verhindern, indem die Gerichte eine besondere Rolle bei der Restschuldbefreiung spielen. Sie müssen das Gleichgewicht zwischen Gläubiger und Schuldner so balancieren, dass eine echte Verhandlungssituation zwischen beiden entsteht. Trotz der vielen positiven Aspekte dieser modernen Entschuldung befindet sich auch Sand im Getriebe der Verordnung. Hier die markantesten Nachteile:
- Die Rechtspfleger und Gerichte sind weder personell noch sachlich ausreichend ausgestattet, da das Verfahren in der Regel aufwändig und beratungsintensiv ist.
- Fehlende Erfahrungen erschweren die Behandlung von Sonderfällen.
- Es bestehen Unklarheiten bei Restschuldversagungsgründen.

Die Schuldner müssen sich auf einen langwierigen und steinigen Weg bis zu einer Restschuldbefreiung einstellen. Doch die zunehmenden Verbesserungen der behördlichen Einrichtungen werden diesen Weg in Zukunft zunehmend verkürzen.

Das neue Insolvenzrecht birgt zusammenfassend Risiken aber auch große Chancen. Im Zuge der hohen Zahl überschuldeter Haushalte können wir davon ausgehen, dass nicht nur in der Geschäftswelt die Bonität – das heißt die Kreditwürdigkeit – von Kunden zunehmend im Mittelpunkt stehen wird, um künftige Forderungsfälle zu vermeiden.

Aus der Wirtschaft kennen wir bereits so genannte Ratings. Rating-Agenturen schätzen Risiken, Bonität, finanzielle Vitalität und Marktchancen von Unternehmen ein. Hohes Rating bedeutet dabei hohe Kreditwürdigkeit, ein niedriges Rating eine geringe Kreditwürdigkeit.

Informationen zum neuen Insolvenzrecht erhalten Sie beim Rechtspflegedienst jedes Insolvenzgerichts Deutschlands und bei den im Anhang genannten Beratungsstellen.

5 Exkurs: Selbstständige –
Erfolgreiche Bankgespräche und Finanzierungsvarianten

Bereits in Kapitel 3 wurde die Selbstständigkeit als eine mögliche Einkommensalternative genannt. Der Weg in die Selbstständigkeit setzt eine Reihe von Finanzierungsüberlegungen voraus. Die Frage nach der Finanzierung steht für die meisten, die sich mit dem Gedanken einer Existenzgründung beschäftigen, an erster Stelle. Dabei spielt die Bank, wie auch im vorigen Kapitel schon angedeutet, eine wesentliche Rolle. In diesem Exkurs finden Sie deshalb Informationen zu den Themen Zusammenarbeit mit der Bank und mögliche Finanzierungen. Dabei bietet der Punkt Bankverhandlung nicht ausschließlich Informationen für Existenzgründer. Jeder, der richtig mit Geld umgeht, hat Kontakt zu Banken und Geldinstituten. Das Kapitel 5.1 bietet somit eine Reihe interessanter Ansatzpunkte für ein erfolgreiches Bankgespräch für jeden, der ein solches vor sich hat.

5.1 Erfolgreich mit Banken verhandeln

Grundsätzliches im Umgang mit Banken

Als allererstes sollten Sie das gemeine Feindbild gegenüber Banken ablegen. Banker sind keine Menschen von einer anderen Welt. Sie müssen sich mit einer Vielfalt von Finanzierungsmöglichkeiten beschäftigen.

Auf die Frage an einen leitenden Direktor der führenden Großbank mit Sitz in Zürich, was ihm wohl bei der Finanzierungsbeurteilung am wichtigsten wäre, antwortete der Banker in Bezug auf Unternehmensfinanzierungen: „Das wichtigste bei einer Projektfinanzierung ist für uns das Management. Das zweitwichtigste ist das Management. Und das drittwichtigste ist nochmals das Management".

Das Management selbst repräsentiert die unternehmerische und die Produktidee. Kredite werden selbstverständlich auch auf der Grundlage der vorhandenen Dokumente und der Machbarkeitsstudien sowie der eigenen Bankerfahrungen erteilt oder verweigert. Aber glauben Sie mir, selbst die besten Produkte und Unternehmungen werden nicht finanziert, wenn das Management aus Sicht der Bank versagen wird.

Jeder Existenzgründer benötigt Geld: Sei es für Maschinen, Personal, die Fahrzeuge und den Fuhrpark, das Warenlager oder für die Büroausstattung. Auch muss die erste Zeit ohne geregelte Einkünfte überbrückt werden. In der Regel wird der Existenzgründer ein Gespräch mit einer Bank führen müssen, denn dort bekommt er nicht nur Bankkredite, sondern auch die von der Bundesregierung zur Verfügung gestellten Existenzgründungsdarlehen (vgl. Kapitel 5.2). Was sollte der Neuunternehmer also beachten, damit das wohl unumgängliche Bankgespräch erfolgreich sein wird?

Welches ist die richtige Bank?

Zunächst sollte sich der Existenzgründer Gedanken darüber machen, bei welchen Banken er vorsprechen möchte. Normalerweise handelt es sich bei diesen Kreditgesprächen meist um höhere Summen. Der Gang zu „irgendeiner" Bankfiliale ist nicht ratsam. Zunächst sollte man unbedingt eine größere Filiale aufsuchen, um dort mit dem zuständigen Firmenbetreuer oder aber einem Kreditsachbearbeiter zu sprechen, der für Existenzgründungen und für Selbstständige zuständig ist. Gut beraten ist, wer sich für ein solches Gespräch vorab einen Termin geben lässt. Selbstverständlich können Sie solche Gespräche mit mehreren Banken führen, um so besser die Konditionen vergleichen zu können. Schließlich herrscht Marktwirtschaft. Das Gespräch mit der eigenen Hausbank sollte als letztes nach allen anderen Bankgesprächen erfolgen. Sie haben dadurch den Vorteil, das eigene Konzept zunächst mit anderen neuen Gesprächspartnern zu besprechen und sammeln dabei wichtige Erfahrungen. Sie finden in ersten Gesprächen heraus, was eine Bank in Bezug auf Ihr Projekt wirklich als wichtig erachtet und können somit Ihr Augenmerk darauf legen und diese Punkte ggf. in der Präsentation verbessern und sich die entsprechenden Argumente zu recht legen.

> Mein Tipp: Prüfen Sie als allererstes, ob die Bank Ihres Vertrauens eine positive Grundeinstellung zu kleinen und mittleren Unternehmen hat und für die Zielgruppe eine entsprechende Kompetenz mitbringt. Es gibt eine Faustregel die lautet: „Je kleiner die beantragte Kreditsumme, desto geringer das Interesse der Bank.". Für Existenzgründer hat sich herauskristallisiert, dass zunächst oftmals die mittelständisch orientierten Banken wie beispielsweise Volks- und Raiffeisenbanken oder Sparkassen in Frage kommen.

Bekanntlich spielt die persönliche Beziehung des Unternehmers zu den Entscheidungsträgern der Bank eine große Rolle. Sie müssen hier ein Vertrauensverhältnis bilden, in der Offenheit des Selbstständigen und Unternehmers einerseits und die Kompetenz des Bankers andererseits vorhanden sein müssen. Die Partnerschaft zwischen beiden ist erstrebenswert, denn jeder der beiden weiß, was er will. Grundsätzlich tritt somit keiner von beiden als Bittsteller auf.

Unterlagen für die Kreditbewilligung

Für den Erfolg eines Kreditgesprächs sind die Unterlagen, welche der Firmengründer oder künftige Selbstständige dem Banker für seine Kreditentscheidung vorlegt, entscheidend. Ein Banksachbearbeiter arbeitet selten im Außendienst und schaut sich Ihr Geschäftsvorhaben vorort an. Auch recherchiert er nicht selbst im Geschäftsbereich, sondern zieht in der Regel Vergleichszahlen und Marktstudien sowie lokale Wirtschaftsberechnungen heran. Genau aus diesem Grund sind Ihre Präsentation und die ergänzenden Unterlagen entscheidend für eine Finanzierungszusage.

Zu Ihren Unterlagen gehören auf jeden Fall ein ausführlicher Lebenslauf mit Ausbildungs- und Berufszeugnissen sowie ein informativer Unternehmensplan (auch Businessplan genannt). Dieser beschreibt so ausführlich wie möglich das zu finanzierende Konzept. Die Bank benötigt regelmäßig noch folgende weitere Unterlagen:
- Planzahlen mindestens für das laufende Jahr, besser für die folgenden fünf Jahre
- Liquiditätsrechnungen – realistische und „worst case" (im schlimmsten Fall)
- Aufstellung über Ihr Privatvermögen und über eventuelle private Schulden (Sofern Ihre Bank eine Grundschuld als Kreditsicherung verlangt, sollten Sie vor allem auch die Eigentumsverhältnisse – Grundbucheintrag, Kaufvertrag – und den Wert eigener Immobilien übersichtlich dokumentieren.)
- Auskünfte über Ihre Person

Legen Sie der Bank außergewöhnlich gute und professionell gestaltete Unterlagen und Berechnungen vor. Heutzutage kommt jeder mit einem schönen Businessplan daher, das ist Alltag. Überlasten Sie die Bank nicht mit einer Fülle von Dokumentationen. Vermeiden Sie Rechtschreib- oder Rechenfehler. Verzichten Sie darauf, zu viele grafische Elemente einzubauen. Banken sind nicht durch künstlerisch hohen Anspruch zu beeindrucken. Es zählt primär die Übersichtlichkeit.

Mein Tipp: Schmücken Sie sich mit allen Namen, die an dieser Präsentation oder an Ihrem Produkt mitgearbeitet haben. Legen Sie eine imposante Liste der Akteure und involvierten Personen vor. Während meiner Zeit als Verleger eines führenden Schweizer Wirtschaftsmagazins für Neuunternehmer gewöhnten wir uns an, immer ein langes Impressum zu verfassen. Obwohl wir nur neun fest Angestellte beschäftigten, konnten wir über 30 Personen aufzählen, die an einer einzigen Ausgabe mitgewirkt haben. Dabei waren alle freie Mitarbeiter und Zulieferer von Informationen aufgezählt. Wir verschafften uns gegenüber unseren Kunden, den Inserenten und Abonnenten damit mächtig Eindruck.

Fortgeschrittene präsentieren zudem weitere Dokumente wie etwa eine so genannte Due Diligence (Unternehmensbewertung) oder eine SWOT-Analyse (Stärken-Schwächen-Analyse).

Besonderheit: Kauf einer Unternehmung oder Übernahme eines Betriebs
Die Übernahme eines Betriebs ist gesondert zu allen anderen Finanzierungen zu betrachten. Bevor Sie Kontakt zur einer potenziellen finanzierenden Bank aufnehmen, prüfen Sie ob folgende Unterlagen vorliegen:
• Jahresabschlüsse mit Gewinn- und Verlustrechnung
• Aktuelle betriebswirtschaftliche Auswertungen
• Übersichten über Verbindlichkeiten, Forderungen, sonstige Belastungen
• Handelsregisterauszug (bei eingetragenen Firmen)
• Gesellschaftervertrag (bei Gesellschaften)

Alle diese Unterlagen sollten überzeugend und sauber aufbereitet sein. Denken Sie daran, dass bei größeren Kreditentscheidungen sämtliche Anträge von einem zweiten Mitarbeiter oder sogar von der Direktion geprüft und abgesegnet werden müssen. Auch diese müssen von Ihrem Projekt überzeugt werden.

Die Unterlagen sollten unbedingt von einem Wirtschaftsexperten oder Steuerberater mit unterzeichnet werden. Das gibt Ihnen weitere Glaubwürdigkeit.

✔ Vorbereitung des Bankgespräches

Diese Fragen sollten Sie sich **vor dem Bankgespräch** stellen und schriftlich in Ihren Unterlagen beantworten:
• Warum habe ich mich für diesen Standort entschieden?
• In welcher Höhe muss ich investieren?
• Wie finanziere ich diese Investitionen?
• Welche Eigenmittel stehen mir dazu zur Verfügung?
• An welche öffentlichen Kredite und an welche Bankkredite habe ich gedacht?

- Welche Sicherheiten stehen zur Verfügung?
- Was ist Gegenstand meines Unternehmens?
- Möchte ich damit eine Marktlücke besetzen?
- Habe ich Mitbewerber?
- Wie hebe ich mich ggf. von diesen Konkurrenten ab?
- Wie sieht der Markt insgesamt aus (lokal und überregional, europäisch oder international)?
- Mit welchen Umsätzen und Erträgen rechne ich, kann ich aus Ihnen Zins und Tilgung leisten?
- Welche Anlaufzeit habe ich (verringerte Umsätze in den ersten Monaten)?
- Wie hoch sind die Anlageinvestitionen (Maschinen, Einrichtung, Fahrzeuge)?
- Wie gestalten sich die Zukunftstrends?
- Wie hoch werden die laufenden Kosten sein?
- Wie wurden die Prognosezahlen (Umsatz, Liquidität) ermittelt?
- Auf welche Durchschnittswerte wurde die Berechnung gestützt?
- Brauche ich Personal, wenn ja wie viel und was wird das kosten?
- Welche arbeitsrechtlichen Bestimmungen muss ich beachten?

Dies sollten Sie formal beachten:
- Überreichen Sie keine losen Blätter und versehen Sie Ihren Kreditantrag mit einem Inhaltsverzeichnis.
- Verwenden Sie ein sauberes Schriftbild.
- Fügen Sie keine handschriftlichen Angaben bei.
- Nummerieren Sie die Seiten Ihres Kreditantrags korrekt und fortlaufend.
- Verwenden Sie nur Originale und keine Kopien.
- Lockern Sie den Text durch Grafiken und Schaubilder auf.
- Lassen Sie Ihren Kreditantrag „Korrektur lesen", um so inhaltliche Fehler, stilistische Fehler und Rechtschreibfehler zu vermeiden.
- Versehen Sie Ihren Kreditantrag mit Unterschrift und Datum und nennen Sie der Bank einen Ansprechpartner für eventuelle Rückfragen. Fügen Sie dessen Telefon- und Fax-Nummer bei.

Mein Tipp: Finanzieren Sie wenn möglich mehr als Sie in Wirklichkeit benötigen. Bauen Sie realistische Reserven ein. Viele Banken versuchen Ihnen einen Kredit-Mix zusammenzustellen, der beispielsweise teure Kontokorrentkredite (Überziehungskredite) beinhaltet. Planen Sie intern so, dass der Kontokorrentkredit gar nicht in Anspruch genommen werden muss.

Das Gespräch – Sie sind Geschäftspartner und kein Bittsteller!

Zugegeben lässt sich diese Anforderung nicht leicht umsetzen. Viele Gründerinnen und Gründer sind so sehr von der Idee der Selbstständigkeit überzeugt, dass sie ihr Vorhaben beginnen wollen, auch wenn nicht alle Rahmenbedingungen für einen erfolgreichen Start vorliegen. Dies kann fatale Folgen haben. Als künftiger Unternehmer müssen Sie besonders in finanziellen Dingen kühlen Kopf bewahren und die Rahmenbedingungen schaffen. Umso wichtiger sind das erfolgreiche Bankgespräch und eine geeignete Finanzierung, die Ihnen den finanziellen Rahmen stellen, um Ihre Ideen im Laufe Ihrer Gründerzeit umzusetzen. Auch wenn Sie auf die Bankkredite angewiesen sind, so treten Sie auf keinen Fall als Bittsteller auf, sondern als Geschäftspartner. Sie wollen das Geld und die Bank möchte Ihnen das Geld verkaufen und dafür Zinsen „verdienen". Führen Sie sich das immer vor Augen.

Besprechen Sie daher Ihr Projekt und die Erfolgsaussichten Ihres Vorhabens und klären Sie mit der Bank, wer bis wann was erledigen wird.

> **Mein Tipp:** Führen Sie die Kreditgespräche durchaus in Begleitung von Beratern und denken Sie immer daran, dass Sie als Gründer reden und präsentieren müssen! Sie müssen den Banker überzeugen, was Sie nur dann können, wenn Sie auch die vom Berater errechneten finanziellen Details Ihres Gründungskonzepts ohne fremde Hilfe erläutern. Der Banker wird nie an Ihren Erfolg glauben, wenn Sie Ihr eigenes Projekt von einem anderen erklären lassen! Ermuntern Sie Ihren Berater, Sie in der Argumentation zu unterstützen und Ihnen quasi Rückendeckung zu geben. Betriebswirtschaftliche Kenntnisse sind bei Bankgesprächen unentbehrlich.
>
> Frauen sollten die Rollenverteilung mit ihrem Berater vor dem Bankengespräch klären, denn noch immer sehen viele Bankiers ausschließlich Männer als ernsthafte Gesprächspartner an. Sie, die Gründerin sind die Hauptperson und sollten deshalb die Gesprächsführung klar übernehmen!

Überlegen Sie sich die Möglichkeit den Banksachbearbeiter bei schwierigen Erweiterungs- und Wachstumsentscheidungen zu einer Besichtigung Ihres Unternehmens einzuladen? Dadurch werden für ihn viele Umstände Ihrer Entscheidung nachvollziehbarer und verständlicher. Außerdem haben Sie dann einen so genannten Heimvorteil. Er betritt Ihr Terrain und das könnte unter Umständen ein wichtiger Vorteil bei künftigen Entscheidungen sein.

Planen Sie den Verhandlungstermin minutiös! Für die Planung des Verhandlungstermins sollten Sie sich aussreichend Zeit nehmen. Die meisten Gründerinnen und Gründer gehen in der Regel noch einer Beschäftigung nach. Logischerweise werden Banktermine dann auf die Zeit nach dem Feierabend gelegt. Ein großer Fehler. Legen Sie den Verhandlungstermin mit den Banken nicht in die Feierabendphase des Gesprächspartners, denn darunter leidet die Ausführlichkeit des Gesprächs. In fortgeschrittener Zeit ist Aufmerksamkeit nicht dieselbe wie früh morgens oder während der regulären Arbeitszeit des Bankmitarbeiters. Nehmen Sie sich natürlich auch selbst genügend Zeit. Gehen Sie selbstbewusst aber nicht überheblich zum Banktermin.

Kleiden Sie sich nicht zu elegant oder zu übertrieben. Banker schätzen konservative (bodenständige) Kleidung. Legen Sie deshalb, auch wenn Sie es nicht gewohnt sind, eine Krawatte an. Lassen Sie die Designerklamotten im Schrank und verzichten Sie auf zur Schau gestellten Reichtum wie eine teure Uhr oder ein Einstecktuch, das aristokratisch wirken könnte. Stellen Sie sich mit Ihrem Fachwissen nicht über den Banker, sondern behandeln Sie den Sachbearbeiter wie einen Kunden, dem Sie Ihr Produkt erklären und gelungen präsentieren wollen.

Vermeiden Sie Vorgespräche bei Kreditsachbearbeitern, die Ihre Idee erneut beim Vorstand vortragen müssen, nicht entscheidungsbefugt sind und Ihre Begeisterung bei einer internen Vorstellung nicht wiedergeben können. Versuchen Sie dann einen Gesprächstermin bei der Leitung des Instituts zu erhalten.

Bringen Sie für die berechtigen Sicherheitswünsche der Banken Verständnis auf. Verweigern Sie Sicherheiten aber da, wo sie offensichtlich übertrieben erscheinen. Sichern Sie Ihre Kredite nicht zu stark mit privatem Vermögen ab. Am besten halten Sie privates Vermögen gleich aus den Verhandlungen heraus. Natürlich wären Sie bereit auch privat zu haften, aber überzeugen Sie den Banker, dass es auch ohne geht. In den meisten Fällen folgt eine verhängnisvolle Fangfrage: „Lieber Kunde, wenn Sie nicht persönlich haften wollen, dann glauben Sie ja selbst nicht richtig an Ihre Idee oder an Ihr Unternehmen, oder?".

Fragen Sie nach allen Konditionsbestandteilen bei Finanzierungsangeboten. Lassen Sie sich die Effektiv-Verzinsung sagen und erläutern, welche Positionen in die Berechnung Eingang gefunden haben.

Sollte der Banker Ihren Kreditantrag ablehnen, fordern Sie die Bank auf, die Ablehnung schriftlich mit Angabe der Gründe zu nennen. Denn nur so können Sie eventuelle Schwachstellen in Ihrem Konzept aufdecken und Gegenargumente einbauen.

✔ Der Termin steht an

Diese Fragen sollten Sie unmittelbar vor dem Gesprächstermin klären.
- Haben Sie Ihren Termin telefonisch abgesprochen und bestätigt?
- Haben Sie folgende Unterlagen dabei?
  - Konzept Ihrer Geschäftsidee mit einer detaillierten Beschreibung (Businessplan)
  - Aufstellung aller privater Ausgaben
  - Personalausweis (falls Sie bei der Bank nicht persönlich bekannt sind)
  - Private Kontoauszüge und Depotauszüge, Kopien des Grundbuchs (falls Immobilienbestiz vorhanden)
- Kennen Sie die staatlichen Förderprogramme?
- Kennen Sie die Schwachpunkte Ihres Businessplans und können Sie diese entkräften?
- Spielen Sie mit offenen Karten?
- Nimmt ein externer Berater an dem Gespräch teil?
- Wie wird der der Gesprächsverlauf sein?

Fragen, die Ihnen von der Bank gestellt werden können, sind
- Wie beurteilen Sie Ihre Konkurrenzsituation?
- Welche Umsatzchancen sehen Sie für Ihr Unternehmen?
- Was genau ist Ihr Alleinstellungsmerkmal?
- Wer sind hauptsächlich Ihre Kunden?
- Warum sprechen Sie ausgerechnet unsere Bank an?
- Wie viel Kredit benötigen Sie?
- Wie hoch ist der Eigenkapitalanteil bei dieser Finanzierung?
- Wie sicher ist Ihre Planung bezüglich der Kredithöhe?
- Wer wird für Ihre Buchhaltung und für die Finanzen verantwortlich sein?
- Welche Rentabilitätsentwicklung erwarten Sie?
- Welches Betriebsergebnis erwarten Sie für das erste Geschäftsjahr?
- Was machen Sie, wenn Ihr Vorhaben nicht planmäßig verläuft?
- Gibt es saisonbedingte Schwankungen beim Umsatz?
- Führen Sie regelmäßig Marktbeobachtungen durch?
- Wie ist die Entwicklung der nächsten Jahre, welche Investitionen sind geplant?

• Wie hoch veranlagen sie Ihr eigenes Gehalt?
• Wird es Probleme mit Förderungsverlusten geben?
• Wie setzen sich Ihre Markteinführungskosten zusammen?

Zum Abschluss noch 13 aktuelle Tipps für ein erfolgreiches Bankgespräch, die Sie immer im Hinterkopf behalten sollten:

1. Ein informierte Bank ist großzügiger.
Ein Banker, der sich informiert und sicher fühlt, wird immer aufgeschlossener an einen Kreditantrag herangehen als ein Banker, der sich unsicher fühlt. Derjenige, der sich unsicher fühlt, denkt in erster Linie an die Sicherheit seiner Bank und trifft deshalb im Regelfall eine weniger großzügige Kreditentscheidung.

> **Mein Tipp:** Reagieren Sie auf Anfragen der Bank immer innerhalb von 24 Stunden. Hinterlassen Sie den Eindruck der Schnelligkeit und Zuverlässigkeit. Denken Sie darüber nach, was Sie erwarten würden, säßen Sie an der Stelle der Bank.

2. Die professionelle Vorbereitung zum Kreditgespräch ist die halbe Miete.
Denken Sie daran: Damit das Kreditgespräch für Ihr Gründungsprojekt zum Erfolg wird, sollten Sie sich gut vorbereiten. Stellen Sie mit der Checkliste auf S. 76 sicher, dass Sie Fragen im Gespräch beantworten können.
Nicht jede Bank wird die gleichen Fragen stellen. Beachten Sie: Von der Art und Weise, wie Sie die Bankfragen beantworten, hängt nicht zuletzt auch die Kreditentscheidung ab.

3. Prüfen Sie Finanzierungsalternativen.
Prüfen Sie in Ihrem Konzept auch Finanzierungsalternativen wie Leasing (für Fahrzeuge und Maschinen), Factoring (Abtretung von Kundenrechnungen die Ihnen Liquidität verschafft), subventionierte Kredite von Stadt, Land oder von der Europäischen Union. Sie werden überrascht sein, wie viele Möglichkeiten es gibt, zu günstigem Arbeitskapital zu kommen. Prüfen Sie auch die Möglichkeit, dass Sie anstatt Subventionen eine Absicherung oder Bürgschaft erhalten, die Sie bei der finanzierenden Bank einsetzen können.

4. Klare Zukunftsperspektiven sind transparent.

Auf jeden Fall sollten Sie fundierte Vorstellungen über die Zukunftsperspektiven Ihres Unternehmens vortragen können. Lassen Sie sich dabei aber nicht zu überzogenen optimistischen Prognosen verleiten. Bleiben Sie realistisch.

5. Kreditverhandlungen nicht unter Zeitdruck führen.

Führen Sie Ihre Kreditverhandlungen stets frühzeitig. Setzen Sie sich nicht selbst unter Zeitdruck, indem Sie sich zu spät um die Finanzierung Ihres Unternehmens kümmern. Denn dann sind Sie im Regelfall am kürzeren Ende des Hebels und könnten mögliche Alternativen, die Ihnen – mit entsprechender Zeit – offen stehen würden, nicht mehr nutzen.

6. Mit mehreren Banken verhandeln.

Verhandeln Sie ruhig mit mehreren Banken. Bleiben Sie in gutem Kontakt zu den verschiedenen Banken, bei denen es nicht zum Geschäftsabschluss kommt. Pflegen Sie auch zu diesen Instituten weiterhin gute Verbindungen. Es könnte später einmal von Vorteil sein. Teilen Sie ruhig in Ihren Bankgesprächen mit, dass Sie mit anderen Banken ebenfalls verhandeln.

7. Finanzierungsvorhaben exakt erläutern.

Erläutern Sie Ihren Banken genau, was und warum Sie etwas vorhaben. Banker sind Fachleute in Sachen Finanzierung und verstehen im Zweifel weniger von Ihrer Branche. Machen Sie also deutlich, warum Sie gerade dieses und jenes benötigen, und zeigen Sie die dadurch eintretenden Vorteile auf. Beweisen Sie, dass sich die Sache rechnet.

8. Managementqualität in den Vordergrund rücken.

Machen Sie deutlich, dass bei Ihnen die branchenspezifische Seite Gleichrang mit der kaufmännischen hat. Nehmen Sie Ihren Unternehmensberater oder Steuerberater zum Bankgespräch mit. Demonstrieren Sie Kompetenz auf allen Ebenen (siehe S. 78).

9. Notieren Sie sich Wichtiges.

Machen Sie sich über wichtige Gesprächspunkte Notizen. Fertigen Sie eine Aktennotiz an; denn dann können Sie auch noch zu einem späteren Zeitpunkt nachkontrollieren, ob alle Punkte – so wie besprochen – in den Kreditvertrag aufgenommen wurden.

10. Akzeptieren Sie nicht alle Sicherheitenforderungen der Bank.
Bringen Sie für die berechtigten Sicherheitenwünsche der Banken Verständnis auf.
Verweigern Sie aber da Sicherheiten, wo sie offensichtlich übertrieben erscheinen und zu einer Übersicherung führen.

11. Stellen Sie zuerst Ihr Konzept vor und sprechen Sie erst später über Konditionen.
Verhandeln Sie nicht zuerst über Konditionen, sondern präsentieren Sie zunächst Ihr Konzept. Erst wenn hier alle Dinge klar sind, sprechen Sie über Konditionen. Dann fragen Sie aber bitte nach allen Konditionsbestandteilen, auch nach Nebenkosten.

12. Lassen Sie sich ein schriftliches Kreditangebot geben.
Bitten Sie die Bank am Schluss des Gesprächs um ein schriftliches Kreditangebot.

13. Den Kreditantrag bearbeitungsfreundlich gestalten.
Wenn Sie wollen, dass Ihr Kreditantrag von der Bank mit Interesse zur Kenntnis genommen und bevorzugt bearbeitet wird, sollten Sie ihn „bearbeitungsfreundlich" gestalten. Selbstverständlich wird Ihnen keine Bank nur wegen einer gekonnten optischen Aufmachung eine Zusage geben. Nur eines ist klar, Sie erhalten mit einem gut formulierten, inhaltlich kompletten und bearbeitungsfreundlich aufgemachten Kreditantrag eher eine Zusage als ein Antragsteller, der fehlerhafte, schlampige und unvollständige Kreditunterlagen einreicht.

Eine Bank lässt Sie nicht im Regen stehen, wenn Sie ein gutes und offenes Verhältnis zu ihr haben. Es gibt aber auch neue Spielregeln für Kreditvergabe: Jeder Neuunternehmer und Gründer sollte wissen, dass sich die Banken nach den Regeln des Kreditwesengesetzes richten müssen. Dieses schreibt vor, wer unter welchen Voraussetzungen Kredite vergeben darf. Schon heute müssen die Institute sich die wirtschaftlichen Verhältnisse der Kreditnehmer offen legen lassen. Voraussichtlich Ende 2006 wird die Basel II-Regelung in Kraft treten, nach der Kredite zukünftig nur noch abhängig von der Bonität, also der Kreditwürdigkeit eines Unternehmers / einer Unternehmerin, vergeben werden. Unternehmen, denen in einem Rating eine schlechte Bonität bescheinigt wird, müssen demnächst deutlich mehr für ihre Kredite zahlen.

5.2 Finanzierungsvarianten für **Selbstständige**

Der Weg in die Selbstständigkeit ist in den meisten Fällen nicht ausschließlich mit Eigenkapital finanzierbar. Somit steht für die meisten, die sich mit dem Gedanken einer Existenzgründung beschäftigen, die Frage nach der Beschaffung von zusätzlichem Kapital an erster Stelle. Im eingeschränkten Rahmen dieses Exkurses sollen Ihnen grundsätzliche Ansätze dazu vermittelt werden, damit Sie Ihren Plan nicht von vornherein verwerfen.

Existenzgründer oder Neuunternehmer denken normalerweise in dieser Situation an den klassischen Bankkredit. Er entspricht der typischen Finanzierung mit Fremdkapital und spielt immer noch eine große Rolle. Es gibt aber auch eine Reihe von öffentlichen Fördermöglichkeiten. Förderprogramme bieten auf Bundesebene die beiden Institute Deutsche Ausgleichsbank (DtA) und Kreditanstalt für Wiederaufbau (KfW) an. Beide Banken betreiben gleichzeitig seit 2003 die Förderinitiative „Die Mittelstandsbank".
Eine kleine Auswahl finden Sie im Folgenden. Umfassende Informationen erhalten Sie unter den im Anhang angegebenen Adressen der Förderinstitute und bei Ihrer Hausbank.

DtA-Mikro-Darlehen

Das Mikro-Darlehen ist eine unbürokratische Möglichkeit für einen Kleinkredit für Neuunternehmende. So können Sie als Jungunternehmer ohne großen Papierkrieg ein so genanntes Mikro-Darlehen von maximal 25.000 Euro beantragen. Beantragen müssen Sie diesen Kredit bei Ihrer Hausbank. Sie prüft den Antrag und leitet ihn dann an die Deutsche Ausgleichsbank (DtA) weiter.

Mit dem Mikro-Darlehen können Sie Investitionen und Betriebsmittel bis zu 100 Prozent finanzieren. Allerdings ist eine Kombination mit anderen DtA-Produkten, eine Umschuldung oder Sanierung (z.B. aus einer vorangegangenen Gründung) nicht möglich.

 Beachten Sie: Stellen Sie Ihren Antrag unbedingt bevor Sie Ihre Investitionen tätigen. Eine nachträgliche Antragstellung ist nicht möglich.

Antragsberechtigt sind: Existenzgründer (auch wenn es sich zunächst um einen Nebenerwerb handelt) und Jungunternehmer (bis drei Jahre nach Gründung) mit maximal zehn Mitarbeitern.

Das neue Mikro-Darlehen wird zu 100 Prozent ausbezahlt. Die Laufzeit beträgt maximal fünf Jahre, davon ist ein halbes Jahr tilgungsfrei. Der Zinssatz wird am Tag der Zusage festgelegt.

> **!** Beachten Sie: Das Mikrodarlehen kann ohne große Sicherheiten gewährt werden. Denn es wird eine Haftungsfreistellung zu 80% gewährt. Die Banken werden Anträge auf Mikro-Darlehen also „wohlwollend" behandeln. Dennoch müssen Sie auch hierbei Ihre Bank mit einem guten Geschäftskonzept bzw. Businessplan von Ihrer Kreditwürdigkeit überzeugen.

KfW-Mittelstandsprogramm

Das KfW-Mittelstandsprogramm dient der langfristigen Finanzierung von Investitionen zu einem günstigen Zinssatz, dabei bleibt der Zinssatz langfristig fest und stellt somit eine sichere Kalkulationsgrundlage für den Kreditnehmer dar.

Antragsberechtigt sind Unternehmen in mehrheitlichem Privatbesitz sowie freiberuflich Tätige.

Förderfähig sind Investitionen in Deutschland, die einer langfristigen Mittelbereitstellung bedürfen. Nicht gefördert werden Umschuldungen und Nachfinanzierungen.

Die Förderung wird als zinsgünstiges Darlehen gewährt. Die Höhe der Förderung beträgt bis zu 75 % des Investitionsbetrags. Der Kredithöchstbetrag liegt bei 5 Mio. Euro. Die Kreditlaufzeit kann bis zu 10 Jahre bei höchstens 2 tilgungsfreien Anlaufjahren betragen. Auf Wunsch ist auch die Einräumung eines endfälligen Darlehens mit einer maximalen Laufzeit von 12 Jahren möglich. Bei Investitionen mit Schwerpunkt im Immobilienbereich kann die Laufzeit max. 20 Jahre bei max. 3 tilgungsfreien Anlaufjahren betragen.

Der Zinssatz für Neuzusagen wird jeweils an die Entwicklung des Kapitalmarktes angepasst. Bei Krediten mit bis zu 10 Jahren Laufzeit ist der Zinssatz fest für die gesamte Kreditlaufzeit. Bei Krediten mit mehr als 10 Jahren Laufzeit kann der Zinssatz für 10 Jahre oder die gesamte Laufzeit festgeschrieben werden. Bei endfälligen Krediten ist der Zinssatz fest für die gesamte Laufzeit.

Auch hier erfolgt die Antragstellung über die Hausbank.

DtA-ERP-Eigenkapitalhilfe-Programm

Dieses Programm fördert Existenzgründungsvorhaben der mittelständischen Wirtschaft, die eine nachhaltig tragfähige, selbstständige Vollexistenz erwarten lassen und Existenzsicherungsinvestitionen zur Festigung der selbstständigen Existenz. Eine Förderung ist nur möglich, wenn ohne sie die Durchführung wegen mangelnden Haftkapitals gefährdet wäre.

Antragsberechtigt sind natürliche Personen, die über die erforderliche fachliche und kaufmännische Qualifikation für das Existenzgründungsvorhaben verfügen. Es muss sich um die Gründung oder Festigung einer selbstständigen gewerblichen oder freiberuflichen Existenz handeln. Dies kann auch durch eine tätige Beteiligung mit hinreichendem Einfluss geschehen.
Falls es sich bei dem Vorhaben um eine Wachstumsinvestition handelt, kann diese nur bis maximal zwei Jahre nach der Existenzgründung (neue Länder bis maximal vier Jahre) gefördert werden. In begründeten Ausnahmefällen kann dieser Zeitraum in den neuen Ländern überschritten werden.

Existenzgründer, welche durch das ERP-Eigenkapitalhilfeprogramm oder das ERP-Existenzgründungsprogramm (siehe unten) unterstützt werden, haben einen eigenen Beitrag zu leisten. Die Eigenmittel sollen mindestens 15% der gesamten Investitionssumme ausmachen.

Gefördert wird mittels zinsverbilligter Darlehen bis zu 500.000 Euro je Antragsteller, bei Privatisierungs- und Reprivatisierungsfällen in den neuen Bundesländern und Berlin bis zu 1 Mio. Euro je Antragsteller. Der Zinssatz ist gestaffelt und steigt in den ersten fünf Jahren an. Die Laufzeit beträgt bis zu 20 Jahre, die Tilgung beginnt nach 10 Jahren.

DtA-Existenzgründungsprogramm

Durch das DtA-Existenzgründungsprogramm soll neben der Unterstützung einer gewerblichen oder freiberuflichen Existenzgründung auch die Existenzfestigung, die Privatisierung sowie die Investition für neue Produkte gefördert werden. Zusätzlich kann auch der Betriebsmittelbedarf von Unternehmen gefördert werden.

Antragsberechtigt sind natürliche Personen sowie kleine und mittlere Unternehmen im Bereich der gewerblichen Wirtschaft und der freien Berufe. Ausgenommen sind Sanierungsfälle.

Investitionen zur Festigung einer selbstständigen Existenz werden nur innerhalb der ersten acht Jahre nach der Geschäftseröffnung gefördert. Der Antragsteller soll sich mit eigenen und sonstigen Mitteln im angemessenen Umfang an dem Vorhaben beteiligen.

Die Förderung wird als Darlehen gewährt. Das Darlehen beträgt bis zu 75 % der gesamten Investition. Sollte es sich dabei um Investitionen zur Schaffung von Arbeitsplätzen handeln, beträgt der Finanzierungsanteil bis zu 100 %, max. 25.000 EUR je zusätzlichem Arbeitsplatz.

DtA-Startgeld

Um insbesondere Gründern mit vergleichsweise geringem Finanzierungsbedarf den Schritt in die Selbständigkeit zu ermöglichen, gewährt dieses Programm ein Startgeld für betrieblich bedingte Investitionen und Betriebsmittel. Gefördert wird neben der Existenzgründung auch die Betriebsübernahme und eine tätige Beteiligung.

Antragsberechtigt sind natürliche Personen und kleine Unternehmen im Bereich der gewerblichen Wirtschaft sowie Angehörige der Freien Berufe.

Vorausgesetzt wird eine aktive Mitunternehmerschaft des Antragstellers. Eine Förderung erfolgt nur, wenn der Finanzierungsbedarf insgesamt für Investitionen und Betriebsmittel 50.000 EUR nicht übersteigt. Das Unternehmen darf höchstens 100 Beschäftigte aufweisen. Die Förderung wird als Darlehen gewährt. Der Darlehenshöchstbetrag beträgt 50.000 EUR.

Ich-AG

Auch aus der Arbeitslosigkeit ist der Weg in die Selbstständigkeit machbar. Dies wird seit Januar 2003 unter dem Stichwort Ich-AG vom Arbeitsamt besonders gefördert. Möglich ist hier eine Unterstützung durch einen Existenzgründungszuschuss. Dabei bleiben Sie als Gründer mit dieser Förderung unter dem Schutz der gesetzlichen Rentenversicherung und können die gesetzliche Kranken-, Pflege und Unfallversicherung nutzen. Die soziale Sicherung in der ein- bis dreijährigen Startphase steht somit im Vordergrund.

Die bisherige Unterstützung gründungswilliger Arbeitsloser durch das so genannte Überbrückungsgeld bleibt grundsätzlich auch weiterhin bestehen. Ziel dieses Instruments ist jedoch im Gegensatz zum neuen Existenzgründungszuschuss die Sicherung des Lebensunterhalts in den ersten sechs Monaten.

Konkrete Informationen bietet Ihnen hier das Bundesministerium für Wirtschaft und Arbeit sowie das Arbeitsamt (Adressen im Anhang).

Ein anderer Weg neben Bankkredit, Förderkredit und Förderung durch das Arbeitsamt ist die Finanzierung mit zusätzlichem Eigenkapital. Bei dieser Finanzierungsform investieren Dritte in Ihr Unternehmen oder Ihre Geschäftsidee. Sie sind z.B. stille Gesellschafter oder Partner. Diese Finanzierungsform wird Beteiligungsfinanzierung genannt. Natürlich kenne ich die Einwände gegen diese Finanzierungsform. Viele Existenzgründer befürchten, dass ein Investor und Partner möglicherweise ein zu großes Mitspracherecht erhält. Aber sie bietet auch viele Vorteile:

Erfahrungsgemäß bieten interessierte Partner ein starkes Beziehungs- und Expertennetz, welches weit über verschiedene Branchen gespannt ist. In vielen Fällen bieten renommierte Kapitalgeber sogar ausgezeichnete Managementhilfe an. Ihr unternehmerisches Know-how und ihre Erfahrung können schwerwiegende Fehlentscheidungen gerade in der Anfangsphase vermeiden. Deshalb ist diese Managementhilfe eher ein Sicherheitsgurt als eine Gefahr oder Einschränkung der Entscheidungsgewalt des Gründers. Letzterer bleibt der Visionär und der Motor der Unternehmung oder der Idee. Zudem öffnet ein erfahrener Partner oft Türen bei großen Kunden.

Beteiligungskapitalgeber investieren ihr eigenes Geld und haben Interesse, durch den erfolgreichen Aufbau der Unternehmung Gewinne zu realisieren. Das ist ein völlig unterschiedlicher Ansatz im Vergleich zur Finanzierung über eine Bank.

Wer bietet solches Beteiligungskapital? Zu unterscheiden ist hier zwischen
• Wagniskapitalgesellschaften und
• Business Angels.

Wagniskapitalgesellschaften

Es gibt Hunderte von Wagniskapitalgesellschaften (auch Risikokapitalgesellschaften oder Venture Capitalists genannt), die gerne bereit sind, sich an viel versprechenden Unternehmungen zu beteiligen. Primäres Ziel dieser Gesellschaften ist es, das eingebrachte Kapital gewinnbringend einzusetzen. Dabei suchen alle wie Trüffelschweine nach viel versprechenden Projekten. Also nach wirklich guten Geschäftsideen mit entsprechenden Renditechancen. Letzeres ist quasi die Gegenleistung für die Beteiligung. Die Wagniskapitalgesellschaft will ihr Investment plus Zinsen innerhalb einer planbaren Frist wieder zurückbekommen. Das ist auch gerechtfertigt, denn es gibt kaum Sicherheiten für den Investor, außer das Unternehmen selbst und seine bilanzierten Sach- und Barwerte.

In den vergangenen Jahren war diese Variante der Finanzierung besonders bei börsenreifen Unternehmen publik. Lange Zeit galten Börsengänge als legale Lizenz zum Gelddrucken. Heute sind die Schlagzeilen dieser Art des schnellen „Geld-Machens" aus sämtlichen Zeitungen verschwunden. Die Goldgräberstimmung ist endgültig vorbei.

Wie kommen Sie an die richtigen Risikokapitalgeber heran? Viele Kapitalsuchende behaupten, es gäbe überhaupt kein Wagniskapital für junge Unternehmen. In der Vorbereitung liegt der Erfolg. Denn wie heißt es so schön: Geschäftlicher Erfolg passiert, wenn Vorbereitung und Gelegenheit aufeinander treffen.

Vor einem halben Jahr führte ich einen kleinen Test durch und schaltete ein Anzeige in der Süddeutschen Zeitung mit dem Titel „Investor sucht Beteiligungen". Ich erhielt daraufhin über 130 Zuschriften mit verschiedenen Projektideen, Bettelbriefe und rührende Geschichten aus Seemannsgarn. Mit anderen Worten: Es gibt Tausende, die Investoren suchen. Deshalb ist es sehr wichtig die richtigen Personen und Unternehmen anzusprechen. In der Fachsprache wird dieser Vorgang *Matching* genannt. Wie ein Zielfahnder müssen Sie zuerst eine grobe Recherche durchführen, welche Art von Investor am besten zu Ihnen oder Ihrem Projekt passt.

Ganz ohne Recherchearbeit und Vorbereitung geht es nicht. Erkundigen Sie sich direkt bei verschiedenen Risikokapitalgebern, welche Projekte für Sie von Interesse sind. Kontaktieren Sie wenn möglich andere Neuunternehmer, die eine Beteiligungsfinanzierung einer Wagniskapitalgesellschaft erhielten.

Business Angels

Business Angels sind vermögende Privatpersonen, die junge Unternehmen bei ihren ersten Schritten in die Selbstständigkeit begleiten. Business Angels sind Menschen mit der Bereitschaft, ihre Erfahrungen und eigenes Kapital in Unternehmensgründungen einzubringen.

Die Motivation der Business Angels beschränkt sich nicht nur auf die Chance, finanziell am Erfolg eines viel versprechenden Unternehmens beteiligt zu sein. Für Business Angels zählt auch die Möglichkeit, die eigene unternehmerische Kompetenz weiterzugeben, aussichtsreiche Gründer zum Erfolg zu führen und schlicht Spaß zu haben.

Für junge Unternehmen mit Wachstumspotenzial können Business Angels in vielen Fällen der richtige Kapitalgeber sein: Wenn für Banken das Risiko zu groß und für Beteiligungsgesellschaften der Kapitalbedarf zu gering ist, können Business Angels diese Lücke schließen. Erfahrung, Know-how und Kontakte eines Angels sind für ein junges Unternehmen unbezahlbar wertvoll.

6 Langfristige Finanzplanung und -anlage

Planung und Strategie liegen nicht jedem Menschen, das ist völlig einleuchtend. Dass Planung aber nicht langweilig, sondern fesselnd und spannend sein kann, zeigt beispielsweise das Schachspiel:

Jeder Spieler wird versuchen sein Gegenüber in die Enge zu treiben, sodass dem gegnerischen König kein Fluchtweg mehr offen bleibt und er schließlich „Schach matt" geht. Die Spieler legen dabei eine defensive, risikoarme oder aggressive, risikoreiche Spielweise an den Tag. Womöglich werden listige Manöver benutzt, um von der eigentlichen Strategie, nämlich der Jagd nach der gegnerischen Königsfigur, abzulenken.

Das Schachspiel verlangt strategisches Denken und hohe Konzentration – wie auch die langfristige Finanzplanung und -anlage. Zwischen Risiko und Renditeerwartung muss abgewägt und für eine risikoarme, dafür renditearme und risikoreiche, dafür renditehohe Anlage entschieden werden.

Wenn es uns gelingen würde, eine so hohe Konzentration für unsere Finanzplanung zu entwickeln, wie sie ein Schachspieler in einem Spiel braucht, dann wären wir wahre Meister der Finanzen.

Es braucht Zeit, eine wirklich gut durchdachte Finanzanlage sowie eine ordentliche Portion Disziplin, um langfristig Vermögen aufzubauen. Aber die Mühe lohnt sich.

6.1. Was sollten Sie vor der Anlageentscheidung wissen?

Erstes Sparkapital

Um mit dem langfristigen Vermögensaufbau zu beginnen, ist natürlich erstes Sparkapital nötig. Denken Sie an Ihren Finanzplan zurück. Dort wurde bereits die Notwendigkeit der Bildung von Rücklagen erwähnt. Haben Sie dies beherzigt, Ihre monatlichen Ausgaben so optimiert, dass ein Überschuss am Ende bleibt und/oder durch die Tipps in Kapitel 3 neue Einkommensquellen genutzt, so können Sie dieses Kapital nun für die langfristige Finanzplanung verwenden. Werden Sie sich auch der Tatsache bewusst, dass der Startschuss zum Sparen fallen muss. Irgendwann müssen Sie beginnen, warum also nicht jetzt sofort.

Vielleicht kommen Sie zu Beginn auf ein Sparkapital von 200 Euro, 500 Euro oder sogar 1.000 Euro. Aller Anfang ist schwer und das Ziel, die finanzielle Unabhängigkeit zu erreichen, scheint mit diesen Beträgen weit entfernt. Aber wenn Ihr Geld irgendwann für Sie sorgen soll, müssen Sie sich jetzt um das Geld kümmern, das Sie später brauchen.

X Beispiel:

Sie schaffen es, jährlich rund 600 Euro „auf die Seite zu bringen". Angenommen, Sie legen dieses Kapital für 6% Zinsen an, dann haben Sie nach 10 Jahren 8.383 Euro erzielt. Nicht schlecht für eine so kleine Investition, nicht wahr?

Ihr Sparkapital sollten Sie auch als Reserve betrachten. Sehr viele Familien, die sich verschulden, können z.b. – ohne vorher diese Reserve zu bilden – dann nicht einmal die laufenden Haushaltsrechnungen wie Rechnungen für Strom, Wasser oder Miete begleichen. Dies soll Ihnen doch nicht passieren, oder?

Ihr Sparkapital sollten Sie natürlich nicht auf Ihrem Girokonto belassen – dies wäre ein fataler Fehler. Es gibt sehr viele Möglichkeiten, das eigene Geld gewinnbringend anzulegen. Sie werden in diesem Kapitel näher betrachtet. Vorher sollten Sie sich jedoch die drei folgenden Fragen beantworten:

Wie mache ich mehr aus dem Geld, das ich übrig habe?

Es ist schon seltsam, wer sich ein Auto kaufen möchte, weiß oft ganz genau, was er will. Er kennt Fabrikate, Modelle, Ausstattungsmöglichkeiten, Preise etc. Dabei kauft man ein Auto doch nur alle paar Jahre. Bei der Geldanlage sieht das ganz anders aus: Vielen Anlegern fehlen hier die Lösungen.

Vor jeder Entscheidung in Sachen Geldanlage stehen einige wichtige Fragen für Sie an, die Ihre persönliche Situation und Ihre persönlichen Vorstellungen berücksichtigen und Ihnen damit die Wahl der geeigneten Anlageform erleichtern.

✔ Vor der Auswahl einer Geldanlage

- Welchen Geldbetrag wollen Sie anlegen?
- Möchten Sie diesen Geldbetrag regelmäßig, z.B. monatlich, sparen?
- Möchten Sie einmalig einen konkreten Geldbetrag anlegen?
- Wie lange möchten Sie Ihr Geld anlegen?

• Welches Ziel verfolgen Sie mit der Geldanlage?
  – Geht es um Vermögensaufbau zur Erfüllung Ihrer Wünsche (z.B. neues Auto, Möbel, Haus etc.)?
  – Haben Sie einen „Notgroschen" als Sparziel? (Auf diese Frage antworten übrigens 41% der befragten deutschen Sparer mit „ja").
  – Soll das angesparte Geld Ihre private Altersvorsorge unterstützen?

Was ist mir bei meiner Geldanlage wichtig?

Die Beantwortung dieser Frage sollten Sie im Einklang mit Ihren Sparzielen würdigen.

• Steht die Sicherheit Ihrer Geldanlage für Sie im Vordergrund, d.h. sind der Werterhalt Ihres Geldes und dessen Rendite Ihre Schwerpunkte, möchten sie keinerlei Risiko eingehen?
• Zielen Sie auf Wertzuwachs, Chancen und Risiken sollen jedoch ausgewogen zueinander stehen?
• Sind Sie bereit für die Aussicht auf höhere Erträge auch Wertschwankungen bzw. Verlustrisiken in Kauf zu nehmen?
• Wie wichtig ist Ihnen die Liquidität, d.h. die schnelle Verfügbarkeit Ihrer Geldanlage und deren Erträge?

Aus der Beantwortung dieser Fragen erkennen Sie, welcher Anlegertyp Sie sind. Grundsätzlich zeigen sich 3 Anlegertypen mit sehr unterschiedlichen Vorstellungen:

Typ 1: Der vorsichtige Anleger, er ist nicht bereit Risiken einzugehen.
Typ 2: Der renditeorientierte Anleger, für die Aussicht auf eine gute Rendite ist er auch bereit begrenzte Risiken einzugehen.
Typ 3: Der risikofreudige Anleger, er hat eine gewisse Lust auf Spekulation, wenn es darum geht hohe Renditen erhalten zu können.

Welche Anlageform ist für mich die optimale?

Jede Form der Geldanlage kann man nach 3 Kriterien beurteilen: Sicherheit, Liquidität und Rentabilität. Diese drei Kriterien bilden das magische Dreieck der Geldanlage, magisch da die drei Ziele miteinander konkurrieren.

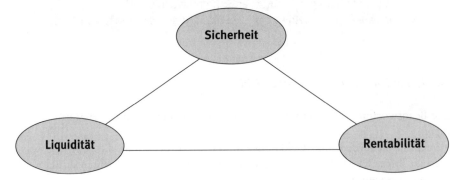

Grundsätzlich gilt: Wer primär die Sicherheit seiner Geldanlage wünscht, muss Kompromisse bei der Rendite machen. Hohe, überdurchschnittliche Renditen haben höhere Risiken. Wer schnellen Zugriff auf sein Geld haben möchte oder muss, kann nur geringere Erträge erwarten. Wer höhere Erträge wünscht, muss dafür eine längere Laufzeit und das Risiko von Wertschwankungen (nach oben und unten) in Kauf nehmen. Ergebnis:

> Es gibt keine Anlage, die gleichzeitig alle Ziele erfüllt. Es kommt auf Ihre individuellen Bedürfnisse, Ziele und Wünsche an.

Nachdem Sie nun wissen, welchen Geldbetrag Sie einmalig oder regelmäßig mit Ihrem individuellen Ziel anlegen möchten und analysiert haben, wo Ihre persönlichen Schwerpunkte bei der Geldanlage liegen, finden Sie im Folgenden eine Reihe von Anlageprodukten. Dabei sind diese nicht nur beschrieben, sondern im Hinblick auf die Anlageziele Sicherheit, Rentabilität und Liquidität durchleuchtet. Die aktuellen Konditionen für diese Produkte können Sie entweder bei Ihrer Hausbank erfragen, den Ratgeberseiten der Tagespresse oder dem WWW entnehmen.

6.2. Wo können Sie Ihr Geld anlegen?

Geldanlagen lassen sich grundsätzlich in zwei Hauptgruppen gliedern:

Geldwertforderungen: Bei allen Geldwertforderungen hat der Anleger das Recht auf verzinsliche Rückzahlung seiner Geldanlage. Der Anleger nimmt die Rolle eines Gläubigers ein. Wichtig für den Anleger ist daher die Bonität des Schuldners, z.b. der Bank oder des Ausgebers (Emittenten) eines Wertpapiers. Die Sicherheit der einzelnen Anlagen soll daher bei den einzelnen Anlagemöglichkeiten näher erläutert werden. Geldwertanlagen bieten dem Anleger keinen Schutz vor inflationären Risiken.

Sachwertanlagen: Bei Sachwertanlagen ist der Anleger nicht Gläubiger sondern Teilhaber, z.b. als Aktionär Miteigentümer einer Aktiengesellschaft. Er partizipiert am Erfolg, wie z.b. den Dividenden und Kursgewinnen bei Aktien, aber auch am unternehmerischen Risiko.

Anlageprodukte als Geldwertforderungen

Guthaben auf dem Girokonto

Auch wenn Guthaben auf dem Girokonto – wie bereits erwähnt – gar nicht oder sehr spärlich verzinst werden, lohnt sich unter Umständen ein Guthaben auf diesem Konto zu unterhalten. So bieten z.b. einige Banken ihren Kunden kostenlose oder stark vergünstigte Kontoführung an, sofern der Kunde ein Durchschnittsguthaben auf dem Konto von z.b. 1.500 Euro unterhält. Auch wenn Sie keine Zinsen für Ihr Guthaben erhalten, so sparen Sie Gebühren für die Kontoführung. Dies ist auch ein Ertrag für Sie. Ein Nachfrage bei der Hausbank, inwieweit eine Guthabenverzinsung möglich ist, lohnt sich auf jeden Fall. Online-Banken bieten im Übrigen ihren Kunden gute Verzinsungen für Guthaben auf Girokonten an. Werfen Sie doch einmal einen Blick auf die Angebote dieser Institute in der Tagespresse oder im Internet. Guthaben auf Girokonten sind täglich verfügbar und absolut sicher, da diese durch den Einlagensicherungsfonds, dem alle deutschen Banken angehören, abgesichert sind.

Festgelder (auch Termingelder genannt)

Stehen Ihnen Mittel für einen begrenzten Zeitraum (z.b. 1–3 Monate) zur Verfügung, so bietet sich eine Festgeld- oder Termingeldanlage an, die von allen Banken und Sparkassen ab einer Mindestsumme von 2.000–3.000 Euro angeboten wird.

Die Verzinsung ist neben den Bedingungen des Kapitalmarktes abhängig von der vereinbarten Laufzeit und Höhe der Einlage.

Bei der Anlage eines Festgeldes achten Sie bitte auf die vertragliche Vereinbarung, was am Ende der Laufzeit mit dem angelegten Kapital passiert. Oftmals findet sich eine solche Formulierung in den Vertragsbedingungen: „Sofern uns nicht bis zum Fälligkeitstag eine gesonderte Nachricht zugeht, werden wir die Einlage zum jeweils geltenden Zinssatz um die gleiche Anlagedauer unter Anzeige an Sie verlängern." Wenn Sie keine automatische Verlängerung Ihres Festgeldes möchten, treffen Sie bitte mit der Bank bei Anlage des Geldes eine Vereinbarung, dass Ihr Guthaben z.B. bei Fälligkeit auf Ihr Girokonto gutgeschrieben wird. Über Festgelder kann während der Laufzeit grundsätzlich nicht verfügt werden. Die Bank ist rechtlich nicht verpflichtet eine vorzeitige Verfügung zu akzeptieren. Aus Kulanzgründen entsprechen Banken jedoch in Notsituationen dem Kundenwunsch und berechnen Vorschusszinsen, die entsprechend der Regelung der Spareinlagen (vgl. unten) entspricht. Es werden anstelle vorzeitiger Verfügungen auch Kredite in Höhe des Festgeldes gewährt, für die die Geldanlage als Sicherheit gilt. Da Kreditzinsen jedoch immer viel teurer als Anlagenzinsen sind, ist dies ein Verlustgeschäft für Sie als Anleger. Festgelder sind auch durch den Einlagensicherungsfonds der Banken abgedeckt.

Spareinlagen
Nachdem der Börsenboom und das Aktienfieber am Ende des vergangenen Jahrtausends durch eine heftige Baisse bei vielen Anlegern zu großen Verlusten führen, erfährt das traditionelle Sparkonto nunmehr eine ungeahnte Renaissance.
Sparkonten werden seit über 100 Jahren von allen Banken und Sparkassen angeboten. Die Regelungen für Sparkonten sind gesetzlich im Kreditwesengesetz für alle Banken geregelt. Anlagen auf Sparkonten sind für Anleger eine absolut sichere Anlage, da die Mittel durch den Einlagensicherungsfonds der Banken abgesichert sind. Für Anlagen auf Sparkonten erhält der Kunde eine Urkunde: das Sparbuch (wobei die kleinen roten oder blauen Büchlein im Zuge der EDV mehr und mehr durch Kontoauszüge oder Karten ersetzt werden).

Bei den Sparkonten unterscheidet man das Sparkonto mit gesetzlicher Kündigung und die Sparkonten mit vereinbarten Kündigungsfristen. Das Sparkonto mit gesetzlicher Kündigungsfrist ist die gängigste Form des Sparens. Dies kann in monatlichen Teilbeträgen oder in einer Einmaleinzahlung erfolgen. Gesetzliche Kündigungsfrist heißt, Sie als Sparer müssen 3 Monate bevor Sie über das Spargeld verfügen wollen bei der Bank den gewünschten Geldbetrag kündigen. Damit das gesparte Geld jedoch flexibel behandelt werden kann, erlaubt der Gesetzgeber jedem Sparer (für jedes Sparkonto mit gesetzlicher Kündigungsfrist) eine kündigungsfreie Verfügung von 2.000 Euro innerhalb von 30 Tagen. Auch wenn Sie als Sparer mehr Geld benötigen, können Sie über die gewünschte Summe verfügen. Die kontoführende Bank ist dann jedoch verpflichtet für den Betrag über 2.000 Euro Vorschusszinsen zu berechnen. Diese sollen nach dem Gesetz die zu vergütenden Habenzinsen um ein Viertel übersteigen, jedoch nur für den nicht eingehaltenen Kündigungszeitraum. Ihr Kapital darf hierbei nicht belastet werden. Da das Sparbuch mit gesetzlicher Kündigung nur gering verzinst wird (1–3%), handelt es sich hierbei um geringfügige Beträge. Darüber hinaus kann die Bank in Notfällen auch auf die Berechnung von Vorschusszinsen verzichten.

Das Sparkonto mit gesetzlicher Kündigungsfrist ist der ideale Parkplatz für Ihren „Notgroschen". Ideal sieht man eine Reserve von 3 bis 5 Monatsgehältern an. Um Neukunden zu akquirieren bieten Banken auch die Anlage auf einem Sparkonto mit einem zusätzlichen Bonus bei gesetzlicher Kündigungsfrist an.

X Beispiel:

Sie wollen als Neukunde 5.000 Euro auf ein Sparkonto mit gesetzlicher Kündigungsfrist anlegen. Sind Sie bereit auf Verfügungen über dieses Geld für einen Zeitraum von 6 Monaten zu verzichten, so zahlt Ihnen die Bank eine zusätzliche Verzinsung in Höhe von 2%.

Neben dem traditionellen Sparkonto mit gesetzlicher Kündigungsfrist ermöglicht das Kreditwesengesetz den Banken die Führung von Sparkonten mit längeren Kündigungsfristen von 6 Monaten bis zu 4 Jahren. Diese Geldanlagen werden – orientiert an den Bedingungen des Kapitalmarktes – günstiger verzinst. Sie sind jedoch bedingt durch ihre langen Kündigungsfristen für den Anleger nicht sehr flexibel. Erwägen Sie Geldbeträge längerfristig anzulegen, gibt es viele ertragreichere und flexiblere Möglichkeiten.

Unter dem Sicherheitsgesichtspunkt sind alle Spareinlagen gleich sicher.

Sparbriefe

Möchten Sie einen bestimmten Geldbetrag, z.B. 2.000 Euro, für einen längeren Zeitraum von 1–6 Jahren sicher anlegen, so kommen die Sparbriefangebote der Banken und Sparkassen in Frage. Die Vor- und Nachteile sind:

• feste Laufzeit
• höhere Zinsen als Spareinlagen
• fester Zins für die gesamte Laufzeit, auch wenn der Kapitalmarkt sich verschlechtert

- keine Kosten für Kontoführung
- keine Kosten bei Erwerb oder Rückzahlung
- einziger Nachteil: Die Rückzahlung vor Fälligkeit ist vertraglich ausgeschlossen, jedoch ist im Notfall hohe Beleihung möglich (dann müssen Sie aber höhere Kreditzinsen bezahlen).

Sparbriefe werden den Kunden in unterschiedlichen Varianten angeboten, was insbesondere die Zahlung der Zinsen betrifft:

1. Normal verzinste Sparbriefe:
Die Zinszahlung erfolgt jährlich oder halbjährlich nachträglich auf ein vereinbartes Konto.

2. Abgezinste Sparbriefe:
Der Ausgabepreis wird um die Zinsen und Zinseszinsen der gesamten Laufzeit reduziert. Die Rückzahlung erfolgt zum Nennwert. Es erfolgen keine regelmäßigen Zinszahlungen. Der Nennwert eines abgezinsten Sparbriefs beträgt z.B. 1.000 Euro. Dann müssten Sie (bei einer Laufzeit von 1 Jahr und 5% Zinsen) nur 950 Euro bei Erwerb des Sparbriefs einzahlen.

3. Aufgezinste Sparbriefe:
Die Ausgabe erfolgt zum Nennwert. Am Ende der Laufzeit erhält der Kunde das angelegte Kapital nebst Zins und Zinseszinsen in einer Summe.

Die Wahl der geeigneten Sparbriefvariante wird insbesondere durch Ihre steuerliche Situation beeinflusst. Denn für Erträge aus Geldanlagen besteht grundsätzlich eine Steuerpflicht. Sie wird später noch näher beleuchtet (vgl. S. 116).

Sparverträge
Sie wollen sich systematisch ein Vermögen aufbauen? Das lässt sich gut mit regelmäßigen Beträgen realisieren. Für regelmäßiges Sparen, auch mit kleinen Beträgen, bieten alle Banken und Sparkassen mit Laufzeiten von 5 bis 7 Jahren Sparverträge an. Hier sparen Sie monatlich eine fest vereinbarte Rate von z.B. 50 oder 100 Euro, bei manchen Bankangeboten kann die Summe während der Laufzeit auch noch erhöht werden.

Sparverträge bieten sich als Zielsparen, z.B. für ein neues Auto, das neue Wohnzimmermöbel oder die Ausbildung der Kinder an. Die Verzinsung der Sparverträge ist immer besser als die der Spareinlage mit gesetzlicher Kündigungsfrist (vgl.

S. 96). Häufig wird auch ein jährlich steigender Anlagezins für das angesparte Guthaben angeboten. Oftmals wird das regelmäßige Sparen auch durch einen einmaligen Sonderbonus – eine Prämie – am Ende der Laufzeit des Vertrags belohnt. Zahlungen in den Sparvertrag können in der Regel nicht zeitweilig unterbrochen werden, um dann den Vertrag nach einer Pause weiterzuführen. Sollten sich Ihre finanziellen Bedingungen jedoch verschlechtert haben, so können Sie die Zahlungen einstellen und den Vertrag bis zur vereinbarten Auszahlung ruhend stellen. Die Banken sind in der Ausgestaltung der Vertragsmodalitäten frei. Klären Sie solche Fragen deshalb am besten vor Abschluss des Vertrags. Guthaben auf Sparverträgen genießen den gleichen Schutz nach Kreditwesengesetz wie Anlagen auf Sparkonten mit gesetzlicher oder vereinbarter Kündigungsfrist. Sparverträge sind im Übrigen eine beliebte Anlageform für die vermögenswirksame Leistung.

Verzinsliche Wertpapiere

Verzinsliche Wertpapiere sind Schuldverschreibungen. Sie werden oft auch Anleihen, Obligationen oder Bonds genannt. Der Käufer (Anleger) einer Schuldverschreibung (Gläubiger) besitzt eine Geldforderung gegenüber dem Ausgeber (Emittenten). Er hat ein Recht auf Rückzahlung seines Geldes und Anspruch auf die zugesagten Zinsen.

Bund, Länder, Gemeinden, Banken, Großunternehmen aus der Industrie, ausländische Staaten oder internationale Institutionen (z.B. Weltbank) beschaffen sich mittel- und langfristige Finanzierungsmittel über die Ausgabe solcher Wertpapiere. Sie leihen sich also das Geld bei den Anlegern.

Klassische festverzinsliche Wertpapiere haben eine gleichbleibende feste Verzinsung für die gesamte Laufzeit, die in Deutschland meist jährlich nachträglich gezahlt wird. Es gibt jedoch auch Anleihen, die mit einer variablen Verzinsung ausgestattet sind. Festverzinsliche Wertpapiere werden an der Börse gehandelt. Sie als Anleger beauftragen Ihre Hausbank, die gewünschten Papiere für Sie an der Börse zu kaufen oder zu verkaufen. Für nahezu alle festverzinslichen Wertpapiere benötigen Sie ein Depot (eine Sonderform der Kontoführung für Wertpapiere).

> **!** Für ihre Dienstleistung wie Kauf- oder Verkauf der Wertpapiere sowie für die Verwaltung im Depot erheben Banken Gebühren. Da diese Gebühren die Rendite gerade bei kleineren Geldanlagen beträchtlich schmälern können, sollten Sie diese auf jeden Fall berücksichtigen. Fragen Sie dazu im Beratungsgespräch nach. Sie erhalten einen ersten Überblick auch durch den Preisaushang in jeder Bank oder auf der Website der Bank.

Nicht unerwähnt darf bei festverzinslichen Wertpapieren das Thema Sicherheit für den Anleger bleiben. Unter der Sicherheit eines Wertpapiers versteht man die Wahrscheinlichkeit, dass Ihnen Ihr angelegtes Kapital verzinst und zurückgezahlt wird. Wir erinnern uns: Der Anleger leiht sein Geld aus. Im Privatleben überlegen Sie ja auch genau, wem Sie wann, wie viel und wie lange Geld ausleihen wollen.

Auch das Thema Bonität, also die Kreditwürdigkeit, ist bei Anleihen eine wichtige Entscheidungsbasis. Allerdings kann sich die Bonität des Ausgebers auch während der Laufzeit des Wertpapiers verschlechtern. Eine hervorragende Bonität ist daher insbesondere bei langen Laufzeiten wichtig. Insbesondere bei Schuldverschreibungen aus der Industrie oder Anleihen ausländischer Staaten (vgl. S. 105), die Renditen über Marktniveau anbieten, ist der Sicherheitsaspekt von ganz besonderer Bedeutung. Es hat in der Vergangenheit bereits Fälle, wie z.b. die Anleihe des Flugzeugherstellers *Fokker,* gegeben, wo Anleger Ausfall erlitten haben. Eine erstklassige Bonität ist in der Regel mit einer geringeren Rendite verbunden, da eine solche Anleihe von vornherein mit einer niedrigen Verzinsung ausgestattet wird als eine Anleihe mit schlechter Bonität. So erzielen Anleihen der öffentlichen Hand regelmäßig niedrigere Zinsen als Anleihen von Industriefirmen. Als Anleger müssen Sie abwägen, ob Sie für ein höheres Sicherheitsniveau eine geringere Rendite in Kauf nehmen wollen oder mehr Ertrag bei gleichzeitig höherem Risiko erzielen wollen. (Erinnern Sie sich an das magische Dreieck bei der Geldanlage.) Als Faustregel gilt: Je mehr die Rendite des Papiers über der üblichen Marktrendite liegt, umso höher ist Ihr Risiko. Die Wertung unabhängiger Ratingagenturen, die Ihr Urteil – das Rating der Ausgeber der Anleihen – stets aktualisiert in Tageszeitungen, aber auch im Internet veröffentlichen, kann Ihnen hier eine Entscheidungshilfe bieten. Welches sind nun die gängigen verzinslichen Wertpapiere?

Zum einen gibt der **Bund Wertpapiere** aus. Die öffentliche Hand bedient sich zur Finanzierung ihres Kapitalbedarfs einer Reihe solcher Papiere:

1. Bundesschatzbriefe
Wenn Sie Ihr Geld absolut sicher aber dennoch mit ansprechender Rendite anlegen wollen, so wird Sie diese Anlage eventuell ansprechen. Bundesschatzbriefe sind absolut sicher, da die Bundesrepublik Deutschland diese ausgibt. Sie gilt als eine der besten Schuldneradressen weltweit.
Typ A dieser Bundesschatzbriefe hat eine Laufzeit von 6 Jahren und verfügt über einen jährlich steigenden Zins. Die Zinserträge werden dabei jährlich auf ein Konto Ihrer Wahl ausgeschüttet. Typ B hat eine Laufzeit von 7 Jahren und verfügt ebenfalls über einen jährlich steigenden Zins. Die Zinsen werden nicht ausgeschüttet,

sondern unmittelbar wieder angelegt. Bei Typ B muss an die Versteuerung der Erträge gedacht werden, alle Erträge fallen mit der Auszahlung bei Fälligkeit an. Nach einer einjährigen Sperrfrist kann der Anleger durch kostenlose Rückgabe bei Bedarf wieder über sein Geld verfügen.

Bundesschatzbriefe können Sie ohne Kaufgebühren bei jeder Bank oder Sparkasse erwerben. Die Bank richtet dazu ein Depot ein, dafür fallen Gebühren an. Für Bundesschatzbriefe bietet die *Bundeswertpapierverwaltung (BWpV)* jedoch eine kostenlose Verwahrung an. Dies ist für jeden Anleger empfehlenswert. Ein direkter Erwerb der Bundesschatzbriefe bei der Bundeswertpapierverwaltung ist für den Anleger auch möglich.

Die Bundeswertpapierverwaltung bietet ebenfalls einen Sparplan mit Bundesschatzbriefen an. Sparer können dort regelmäßig per Dauerauftrag gebührenfrei Bundesschatzbriefe ordern. Sie brauchen nur auf ein spezielles Konto der Bundeswertpapierverwaltung viertel- oder halbjährlich einen beliebigen Betrag überweisen. Selbst „krumme" Beträge werden komplett investiert. Vorausgesetzt, Sie legen mindestens 50 Euro in Schatzbriefen an plus 2 Euro für eventuell anfallende Stückzinsen. Sofern Sie es wünschen, bucht die BWpV auch direkt per Bankeinzug den Betrag für den Bundesschatzbrief ab. Vorteil: Sie sparen die Gebühren für die Überweisung oder den Dauerauftrag bei der Bank.

Sind Sie an der Anlage in Bundesschatzbriefen interessiert, so erhalten Sie weitere Informationen direkt bei der BWpV:
Tel.: (06 17) 21 08-2 22 oder (0 30) 6 90 34-2 22
http://www.bwpv.de

Einen Kontoeröffnungsantrag können Sie sich auch direkt auf der Website der BWpV herunterladen. Dieser ausgefüllte Antrag muss vor Rücksendung an die Bundeswertpapierverwaltung noch bei Ihrer Hausbank auf die Ordnungsmäßigkeit Ihrer Unterschrift überprüft werden. Danach können Sie sofort mit dem Sparen loslegen.
Noch ein Tipp zum Schluss: Sie können Bundesschatzbriefe mit einer Geschenkkarte auch verschenken.

2. Bundesanleihen und Bundesobligationen
Hierbei handelt es sich um langfristige Schuldverschreibungen des Bundes mit Laufzeiten von 5 bis 30 Jahren. Sie sind mit einer festen Verzinsung ausgestattet. Die Papiere werden über Ihre Hausbank an der Börse gekauft und können dort auch

jederzeit wieder verkauft werden. Hierfür fallen Gebühren an. Die Verwahrung kann bei der Hausbank (gebührenpflichtig), aber auch kostenlos bei der Bundeswertpapierverwaltung erfolgen. Bundesanleihen und Bundesobligationen empfehlen sich, wenn Sie eine Geldsumme langfristig und sicher anlegen möchten.

3. Finanzierungsschätze des Bundes
Diese kurzfristigen Geldanlagen haben eine Laufzeit von 1–2 Jahren. Die Verzinsung erfolgt nicht regelmäßig, sondern durch Zinsabzug vom Nennwert (vgl. abgezinste Sparbriefe, S. 98). Die Rückzahlung erfolgt zum Nennwert. In Finanzierungsschätze können Sie ohne Risiko ab 500 Euro investieren. Der Kauf erfolgt über die Hausbank. Auch Finanzierungsschätze des Bundes können kostenlos bei der Bundeswertpapierverwaltung verwahrt werden.

Auch Banken und Sparkassen geben Schuldverschreibungen zur Beschaffung mittel- und langfristiger Mittel für ihr Kreditgeschäft aus: **Schuldverschreibungen der Kreditinstitute.** Zu unterscheiden sind hierbei „gedeckte" und „ungedeckte" Bankschuldverschreibungen. Diese Klassifizierung ist für die Sicherheit der Anlage von entscheidender Bedeutung.

1. Gedeckte Schuldverschreibungen
Gedeckte Bankschuldverschreibungen genießen als Pfandbriefe und Kommunalobligationen den besonderen Schutz des Gesetzgebers. Pfandbriefe und Kommunalobligationen sind festverzinsliche Wertpapiere, die nur von gesetzlich dazu besonders ermächtigten Banken (Hypothekenbanken, öffentlich-rechtliche Kreditanstalten sowie Landesbanken und Girozentralen) ausgegeben (emittiert) werden dürfen. Diese Banken verleihen das eingenommene Geld weiter. Das „Pfandbrief-Geld" erhalten Bauherren (Privatpersonen und Firmen) als Darlehen, die damit Wohn- und Geschäftshäuser, Einkaufszentren u.Ä. errichten. Diese Darlehen werden durch erstrangige Grundschulden in Grundbüchern gesichert. Das „Kommunalobligations-Geld" wird überwiegend an Bund, Länder, Gemeinden und andere öffentlich-rechtliche Körperschaften weitergegeben, die damit den Bau von Schulen, Kindergärten oder Krankenhäusern finanzieren. Aus den Erträgen der beliehenen Gebäude und aus den Einnahmen der öffentlichen Darlehensnehmer (z.B. Steuern) werden dann die Zinsen und Tilgungen an die Bank gezahlt. Der Kreis schließt sich, indem die Bank von diesem Geld wiederum Zinsen an die Inhaber der Wertpapiere zahlt und – am Ende der Laufzeit – die Wertpapiere zum Nennwert einlöst:

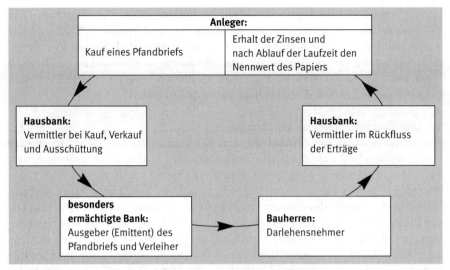

Geldkreislauf bei Kommunalobligationen und Pfandbriefen

Was heißt nun gedeckte Schuldverschreibung und was haben Sie als Anleger davon? Gedeckt heißt, der Gesamtbetrag der umlaufenden Pfandbriefe muss mindestens durch Grundschulden in gleicher Höhe und gleichem Zinsertrag gedeckt sein. Der Gesamtbetrag der Kommunalobligationen muss mindestens durch Kommunaldarlehen (Forderungen gegenüber der öffentlichen Hand) in gleicher Höhe und gleichem Zinsertrag gedeckt sein. Diese Sicherheitsinstrumentarien werden in den Banken durch einen unabhängigen Treuhänder überwacht. Sie als Anleger sind somit doppelt abgesichert:

• Sie haben mit dem eingeschränkten Kreis der Emittenten einen erstklassigen Schuldner für Ihr Geld. (Sie erinnern sich, als Anleger leihen Sie Geld aus.)
• Für den Fall aller Fälle stehen Ihnen werthaltige Sicherheiten zur Verfügung.

Pfandbriefe und Kommunalobligationen bieten sich somit als sehr sichere langfristige Geldanlage für ein bereits vorhandenes Sparkapital an. Kaufen können Sie diese Papiere über Ihre Hausbank an der Börse. Sollten Sie das angelegte Geld bereits vor Fälligkeit benötigen, können Sie die Papiere auch wieder über die Börse verkaufen. Hier müssen Sie jedoch Kursschwankungen, insbesondere wenn sich der Kapitalmarkt verändert hat, einrechnen.

Für die Verwahrung der Papiere benötigen Sie wieder ein Depot bei Ihrer Bank. Für die Dienstleistungen der Banken müssen Sie bei An- und Verkauf 0,5% des Nennwertes und für die Verwahrung 1,55% des Kurswertes einkalkulieren. Für kleinere Anlagebeträge gibt es Mindestgebühren, die im An-und Verkauf bei ca. 30 Euro liegen und sich bei der Verwahrung auf ca. 20 Euro belaufen. Die Gebührenbelastung sollten Sie bei Ihrer Entscheidung mit berücksichtigen.

2. „Ungedeckte" Schuldverschreibungen
Auch diese werden zur Finanzierung des Kreditgeschäfts von Geschäftsbanken, Landesbanken und Girozentralen, Großsparkassen, großen Kreditgenossenschaften und Bausparkassen ausgegeben. Eine Deckungsvorschrift wie bei den Pfandbriefen gibt es hier jedoch nicht. Die Sicherheit dieser Geldanlage hängt in erster Linie von der Bonität des Ausgebers, das heißt seiner finanziellen Struktur und seiner Entwicklung ab. Nicht unerheblich sind die Haftungsverhältnisse des Ausgebers. So haftet z.b. bei öffentlich-rechtlichen Banken wie Sparkassen noch der Träger, z.b. ein Land, für den Fall der Fälle. In puncto Sicherheit hatten diese Institute damit die Nase immer vorn. Ab 2005 wird es hier jedoch auf Veranlassung der europäischen Wettbewerbsüberwachung zu einer erheblichen Änderung kommen. Die Haftung der öffentlichen Hand für die öffentlich-rechtlichen Institute läuft aus. Alle bestehenden Verträge, damit auch Schuldverschreibungen, die Sie vor 2005 kaufen, bleiben jedoch hiervon unberührt.
Schuldverschreibungen der Banken und Sparkassen sind nicht wie Guthaben auf Sparkonten durch den Einlagensicherungsfonds der Banken abgesichert. Das Risiko bei deutschen Privatbanken ist sicherlich recht unterschiedlich. Jedoch kann man derzeit davon ausgehen, dass auch im Falle einer Schieflage – z.B. bei der *Schmidt-Bank* – private Gläubiger keine Verluste hinnehmen müssen. Die Bonitätsbeurteilung der Banken durch Rating können Sie wieder der Tagespresse oder dem Internet entnehmen.
Ungedeckte Bankschuldverschreibungen kommen ebenfalls für die langfristige Geldanlage in Frage. Kauf, Verkauf und Verwaltung sind gleich wie bei Pfandbriefen und Kommunalobligationen.

Auch die Industrie gibt festverzinsliche Wertpapiere aus: so genannte **Schuldverschreibungen der Industrie oder Industrieobligationen**. Damit beschaffen sich große und namhafte Unternehmen aus Industrie, Handel und Verkehr am Kapitalmarkt langfristiges Fremdkapital für ihre Investitionen. Diese Unternehmen leihen sich somit bei einer Vielzahl von Anlegern langfristig Geld aus. Bei einem Blick auf die Kursangaben in der Tageszeitung begegnen Ihnen Firmen wie z.B. Coca Cola, Edeka oder die Großbäckerei Kamps, die Sie aus dem täglichen Leben kennen. Industrieobligationen haben stets eine etwas bessere Rendite als Anleihen der öffentlichen Hand oder Bankschuldverschreibungen. Ihre Sicherheit hängt jedoch von der langfristigen Bonität des Ausgebers ab. Gerade bei langfristigen Anlagen besteht jedoch die Gefahr, dass sich die Bonität der Firma durch gesamtwirtschaftliche oder unternehmensspezifische Einflüsse massiv ändern kann. Welche Folgen kann dies für Sie als Anleger haben? Eine Bonitätsverschlechterung wirkt sich ungünstig auf die Kursentwicklung der betreffenden Wertpapiere aus. Für Sie als Anleger bedeutet dies, dass Sie bei einem Verkauf der Papiere vor Auslauf Geld verlieren können. Allerdings kann sich die Bonität des Ausgebers während der Laufzeit des Papiers auch so verschlechtern, dass die versprochenen Zins- und Tilgungszahlungen bei Auslauf des Papiers nicht nur gefährdet sind, sondern sogar ausfallen. Sie erinnern sich vielleicht an das bereits zitierte Beispiel der Anleihe des Flugzeugherstellers *Fokker*. Eine langfristige Geldanlage in Industrieobligationen will daher gut überlegt sein. Kauf, Verkauf und Verwaltung übernimmt Ihre Hausbank in Ihrem Auftrag zu gleichen Bedingungen wie bei den Bankschuldverschreibungen.

Zum Schluss sei auf verzinsliche Wertpapiere aus dem Ausland eingegangen: **Schuldverschreibungen ausländischer Emittenten.** Sie lassen sich selbst wieder genauso unterteilen wie die bisher genannten inländischen verzinslichen Wertpapiere. So gibt es z.b. Anleihen ausländischer Banken oder ausländischer Industrieunternehmen. Allerdings weisen diese Papiere zum Teil andere, in Deutschland nicht gebräuchliche Aussstattungsmerkmale auf (z.B. mehrere Zinszahlungstermine). Bei Schuldverschreibungen ausländischer Emittenten steht jedoch Ihre Sicherheit noch mehr im Vordergrund: Neben dem allgemeinen Bonitätsrisiko stehen politische Entwicklungen mit starken wirtschaftlichen Auswirkungen, die die Zahlungsfähigkeit eines Landes beeinflussen können, im Vordergrund. Auch hier gilt: Je höher das Risiko der Anlage, desto höher das angebotene Zinsniveau.

Zum besseren Verständnis hier exemplarisch drei ausländische Schuldverschreibungen: Sie wurden im gleichen Zeitraum an den Kapitalmarkt gebracht und besitzen alle eine Laufzeit von 7 Jahren:
• Land Argentinien (Rating D). Verzinsung 10,25%
• Land Bulgarien (Rating BB), Verzinsung 7,25%
• Land Österreich (Rating AAA), Verzinsung 5,50%

Die Angaben zum Rating, die Sie auch den Kurstabellen der Tageszeitung entnehmen können, bieten Ihnen hier eine sehr gute Hilfestellung zur Beurteilung des Risikos. Die Analyse der Ratingagenturen umfasst nämlich alle quantitativen und qua-

litativen Beurteilungskriterien des Emittenten, damit auch die landesspezifischen Risiken.
Wenn Sie Interesse am Kauf einer Auslandsanleihe haben, so wickelt Ihre Hausbank An- und Verkauf über die Börse sowie die Verwahrung der Papiere für Sie ab. Die Gebührenbelastung kann von deutschen Papieren abweichen, daher dazu besser vor Kauf bei der Bank nachfragen.

Zu den verzinslichen Wertpapieren gehören noch einige **Sonderformen**. Vielleicht sind Sie in den Medien oder in Gesprächen schon einmal auf diese gestoßen:

1. Aktienanleihen
Seit kurzem werden besonders risikofreudigen Anlegern Anleihen mit Aktienrisiko angeboten. Aktienanleihen sind Schuldverschreibungen mit festem Zinssatz, die an der Börse gehandelt werden. Da das Verlustrisiko höher als bei anderen Anlageformen ist, erhalten Sie als Anleger im Gegenzug vergleichsweise hohe Zinsen. Die Besonderheit der Aktienanleihe liegt im Wahlrecht des Ausgebers zur Rückzahlung: Kurz vor Fälligkeit kann der Ausgeber der Aktienanleihe entscheiden, ob er die Schuld mit Geld oder einer zuvor festgelegten Zahl von bestimmten Aktien begleicht. Sind die Kurse für Aktien z.B. gefallen, so wählt er die Rückzahlung in Aktien. Sie als Anleger erhalten dann Ihren vollen Anlagebetrag nicht zurück. Bei starken Kursgewinnen entscheidet sich der Ausgeber für die Rückzahlung in Geld. Sie als Anleger können damit nicht an den Kursgewinnen partizipieren. Diese spekulative Anlageform hat ein hohes Chancen-Risiko-Potenzial.

2. Wandel- und Optionsanleihen
Der Besitz dieser verzinslichen Wertpapiere ist mit dem Recht verbunden, entweder Wertpapiere zu einem vorher festgelegten Zeitpunkt zu kaufen (Optionsanleihen) oder die Anleihe gegen Aufpreis in Aktien umzuwandeln (Wandelanleihe). Bei beiden Formen haben Sie als Anleger die Möglichkeit
• jährlich feste Zinserträge und
• die Chance auf steigende Kurse wie bei Aktien
zu nutzen.

Wandelanleihe
Die Wandelanleihe ist eine Mischung aus Aktie und Schuldverschreibung. Die Schuldverschreibung ist mit fester Verzinsung und fester Laufzeit ausgestattet. Während einer festgelegten „Wandlungszeit" können Sie als Anleger die Anleihe in Aktien umtauschen. Die Bedingungen sind hierzu genau festgelegt. Der Käufer einer Wandelanleihe kann wie bereits erwähnt von festen Zinsen **und** Kurssteigerun-

gen profitieren. Aufgrund des Umtauschrechtes sind diese Anleihen mit Zinsen deutlich unter Kapitalmarktangebot ausgestattet. Das Spekulationsrisiko ist für Sie als Anleger begrenzt. Gehen Ihre Erwartungen auf einen günstigen Umtausch nicht in Erfüllung, so entgehen Ihnen nur Zinsvorteile anderer alternativer Geldanlagen. Eindeutiger Nachteil für Sie ist jedoch der sehr begrenzte Markt der Wandelanleihen. Möchten Sie Ihre Wandelanleihen vor Auslauf an der Börse verkaufen, müssen Sie unter Umständen große Zeitverzögerungen in Kauf nehmen.

Optionsanleihen
Optionsanleihen sind auch Schuldverschreibungen großer Aktiengesellschaften. Im Unterschied zur Wandelanleihe haben Sie als Anleger ein zusätzliches Recht auf Bezug von Aktien des Ausgebers zu vorher festgelegten Bedingungen. Hierfür erhalten Sie einen gesonderten Optionsschein. Wichtig beim Kauf einer Optionsanleihe ist für Sie, wie die Kurschancen der Aktien und der Bezugspreis über den Optionsschein ausgestattet sind. Im Unterschied zu den klassischen Schuldverschreibungen handelt es sich hierbei um eine spekulative Geldanlage. Bei konservativer Anlagestrategie sollte für dieses Wertpapier nur ein eng begrenzter Geldbetrag, auf den Sie als Anleger auch langfristig verzichten können, verwendet werden. Detaillierte Kenntnisse und enge Beobachtung des Kapitalmarktes sind erforderlich.

3. Genussscheine
Auch diese Anlageform ist eine Mischform von Schuldverschreibung und Aktie. Jedoch ist das Schicksal des Anlegers noch enger mit dem wirtschaftlichen Erfolg des Ausgebers des Wertpapiers verbunden. Der Unternehmensgewinn bestimmt, ob Sie als Anleger eine Ausschüttung bekommen oder nicht. Die Konditionen der Anlage müssen Sie ganz genau prüfen, da die Inhaber von Verlustscheinen (bei Verlusten des Ausgebers) auch zur Kasse gebeten werden können. Genussscheine gehören daher zu den hochspekulativsten Anlagen.

4. Zerobonds
Als Anleger erhalten Sie hier bei – oftmals sehr langer Laufzeit – keine (zero) Verzinsung, dafür aber am Laufzeitende eine von Anfang an garantierte Rückzahlungssumme. Diese beinhaltet eine angemessene Verzinsung. Der Ertrag entspricht dann der Rendite einer verzinslichen Schuldverschreibung. Wichtig ist jedoch der Steueraspekt: Der Ertrag aus der Anleihe muss komplett am Ende der Laufzeit oder bei vorzeitigem Verkauf über die Börse zu diesem Zeitpunkt versteuert werden. Da Zerobonds oftmals sehr lange Laufzeiten haben, ist die Bonität des Ausgebers für den Anleger von entscheidender Bedeutung.

5. Junkbonds

Junge Unternehmen oder Firmen in der Sanierungsphase geben Junkbonds zur Finanzierung ihrer Unternehmen aus. Aufgrund der schwierig einzuschätzenden Bonität des Ausgebers werden diese auch Schrott- oder Ramschanleihen genannt. Für das sehr spekulative Risiko erhalten Sie als Anleger hier deutlich höhere Renditen als am Kapitalmarkt. (Denken Sie an das das Spannungsverhältnis zwischen Sicherheit und Rendite einer Geldanlage.) Junkbonds sind reine Spekulationspapiere.

Anlageprodukte als Sachwertanlagen

Sie erinnern sich an die erste Einteilung der Geldanlagen auf S. 95. Gut, dann können Sie an dieser Stelle wiederholen: Bei Anlagen in Sachwerten sind Sie als Anleger entweder Teilhaber an einer Unternehmung, z.B. Aktionär, oder Genossenschaftsmitglied, das heißt im Gegensatz zu den bisher beschriebenen Geldanlagen nicht Gläubiger. Bei Anlagen in Investmentfonds sind Sie Teilhaber eines Sondervermögens.

Genossenschaftsanteile

Das Eigenkapital von Genossenschaften wird durch Teilhaber (Mitglieder oder Genossen) zur Verfügung gestellt. Hierfür geben Genossenschaften Genossenschafts- oder Mitgliedsanteile aus, die nicht über die Börse gehandelt werden. Insbesondere die Volks- und Raiffeisenbanken bieten seit vielen Jahren ihren Kunden den Ankauf dieser Anteile an und begründen ihren Anlagevorschlag mit der in der Vergangenheit sehr guten Rendite und Sicherheit der Geldanlage. Jeder Interessent kann eine in der Satzung festgeschriebene Summe von Anteilen (z.B. 10 Stück zu insgesamt 2.000 Euro) übernehmen. Kaufen Sie einen oder mehrere Anteile an einer Genossenschaft, so sind Sie Mitglied. Sie erhalten am Ende des Geschäftsjahrs eine Dividende und dürfen Ihr Recht auf Mitbestimmung in der jährlichen Mitgliederversammlung ausüben. Möchten Sie sich von dieser Anlage wieder trennen, so müssen Sie kündigen (Fristen entnehmen Sie der Satzung) und bekommen Ihr Geld nach der nächsten Mitgliederversammlung ausbezahlt.

Da dieses Procedere etwas Zeit in Anspruch nimmt, legen Sie bitte nur Geld an, das Sie nicht kurzfristig benötigen. Im Übrigen verlangen eine Reihe von Genossenschaftsbanken die Übernahme einer Mitgliedschaft, wenn Sie einen Kredit benötigen. Dies begründet sich durch die Vorschriften der Satzung, dass nur Mitglieder Kredite in Anspruch nehmen können. Bitte beachten Sie jedoch beim Ankauf von

Genossenschaftsanteilen die besonderen Bedingungen der Satzung auf Nachschuss-pflicht. So kann vorgesehen sein, dass im Falle der Insolvenz der Genossenschaft die Mitglieder noch Geld in einer genau festgelegten Höhe zusätzlich einzahlen – nachschießen – müssen.

Aktien

Eine Aktiengesellschaft (AG) beschafft sich über die Ausgabe (Emission) von Aktien Eigenkapital. Als Eigentümer einer Aktie sind Sie nicht – wie bei den verzinslichen Wertpapieren – Gläubiger, sondern Mitinhaber. Sie tragen somit das unternehmerische Risiko mit. Ihre Haftung ist jedoch auf den Kaufpreis der Aktie beschränkt. Aktien haben im Unterschied zu Schuldverschreibungen keine Laufzeit. Der Aktionär entscheidet selbst, wie lange er die Aktien behalten möchte. Sie können Ihre Beteiligung auch nicht kündigen, sondern müssen die Aktien an der Börse verkaufen. Als Aktionär haben Sie Anspruch auf Gewinnbeteiligung in der Form einer Dividende. Auch haben Sie Mitbestimmungsrechte, die sich im Wesentlichen auf die Stimmabgabe in der jährlichen Hauptversammlung der Aktiengesellschaft beschränkt. In der Hauptversammlung wird der Aufsichtsrat bestellt, der die Geschäftsführung benennt. Weiterhin werden die Gremien am Ende des Geschäftsjahrs dort entlastet und die Verwendung des Gewinns bestimmt. Wenn Sie sich als Anleger für den Kauf von Aktien entscheiden, so müssen Sie Ihre Bank mit dem Kauf über die Börse beauftragen. Die Verwahrung erfolgt im Depot bei der Bank. Diese Dienstleistungen der Bank sind kostenpflichtig (Kaufspesen, Provisionen und Depotgebühren). Ein Preisvergleich bei verschiedenen Instituten lohnt sich, besonders günstigen Service bieten die Direktbanken.

Es gibt bekanntlich Hunderte von Börsenfachbüchern, die dieser Ratgeber nicht ersetzen kann und will. Einige grundlegende Hinweise zu Chancen und Risiken sollen für diese Anlageform trotzdem genannt werden: Sofern Sie sich für eine Kapitalanlage in Aktien entscheiden, so tragen Sie grundsätzlich mehrere Risiken.

1. unternehmerisches Risiko
Lassen Sie mich bitte an dieser Stelle noch einmal wiederholen: Als Käufer einer Aktie sind Sie kein Gläubiger, sondern Mitinhaber einer Aktiengesellschaft. Sie werden quasi Unternehmer und haben damit Chancen, aber auch zugleich Risiken. Als Anleger sind Sie daher ganz eng mit der wirschaftlichen Entwicklung des Unternehmens verbunden. Das birgt für Sie die Gefahr, dass Sie im Extremfall, d.h. bei Insolvenz des Unternehmens, einen hohen, vielleicht auch vollständigen Verlust Ihrer Geldanlage hinnehmen müssen. Für einen sicherheitsbewussten Anleger ist eine Geldanlage in Aktien daher nur für einen begrenzten Teil seines Vermögens empfehlenswert.

2. Kursänderungsrisiko

Wenn Sie sich von einer Aktienanlage trennen möchten, wenn Sie z.B. das Geld dringend benötigen, tragen Sie insbesondere das Kursänderungsrisiko. (Der Kurs ist der Preis, der für eine Aktie an der Börse bezahlt wird.) Langfristig werden Kursbewegungen durch

- die Ertragslage des Unternehmens,
- die Entwicklung der Gesamtwirtschaft und
- die politischen Rahmenbedingungen

bestimmt. Es kann jedoch auch zu unvorhersehbaren Schwankungen kommen. Diese können auch von Markttendenzen beeinflusst werden. Wie die erheblichen Kursänderungen in der Vergangenheit gezeigt haben, können Anleger große Gewinne, aber auch hohe Verluste machen. Wenn Sie kein Interesse an einer engen Marktbeobachtung, kurzfristigen Käufen und Verkäufen haben und nicht risikofreudig sind, sollten Sie Aktien als langfristige Anlagemöglichkeit für einen geringen Anteil Ihres Vermögens betrachten.

✔ Wie kann ich als Anleger die Risiken einer Aktienanlage eingrenzen?

✓ Ich nehme nie einen Kredit für Aktienkäufe auf, auch wenn mir die attraktivsten Angebote gemacht werden.

✓ Ich nehme nur einen sehr begrenzten Teil meines Geldes, auf das ich langfristig (im schlimmsten Fall) auch ganz verzichten kann.

✓ Ich nehme qualifizierte Beratungen bei Banken (das ist kostenlos) in Anspruch und vergleiche deren Ergebnisse.

✓ Ich beschäftige mich auch selbst mit der von mir favorisierten Anlage in der Tages- oder Fachpresse oder recherchiere im Internet.

✓ Ich lasse mich nicht von Trends oder Modeerscheinungen beeinflussen.

✓ Ich lege als Einsteiger in Aktienanlagen zuerst mein Geld in Standardwerten (Dax) an (vgl. zu den einzelnen Börsensegmenten den folgenden Exkurs) und beobachte den Markt.

✓ Ich bin mir bewusst, dass es auch bei Standardwerten zu erheblichen Kursschwankungen kommen kann, behalte aber die Ruhe.

✓ Ich streue mein Risiko und suche mir Werte aus verschiedenen Branchen aus.

Exkurs: Die Börse in Deutschland

Alle Wertpapiere, die in Deutschland an der Börse gehandelt werden, sind einem der Börsensegmente zugeordnet. Jeweilige Zulassungsvoraussetzungen und Berichtspflichten geben Ihnen als Anleger rechtliche Sicherheit:

1. Amtlicher Handel

Der amtliche Handel ist das Segment mit den höchsten Zulassungsvoraussetzungen. Hier herrschen strenge Kriterien hinsichtlich der Größe und des Alters der Unternehmen. In den amtlichen Handel werden Unternehmen aufgenommen, wenn sie mindestens 3 Jahre als AG existieren, 1,25 Mio. Euro Eigenkapital haben und 25% des Grundkapitals an der Börse platzieren. Hier finden sich insbesondere Großunternehmen aus den traditionellen Branchen Auto, Finanzen, Chemie und Bau. Der Deutschen Börse müssen Jahresabschlüsse und Halbjahresberichte vorgelegt werden. Es besteht Ad-hoc-Publizität (Unternehmen müssen über wesentliche Vorgänge im Unternehmen berichten). Der amtliche Handel deckt ca. 80% des Börsenumsatzes ab und weist damit eine hohe Liquidität der gelisteten Papiere aus. Die Kursfeststellung erfolgt durch amtlich bestellte Makler. Parallel läuft das elektronische Handelssystem Xetra.

2. Freiverkehr

Dieser ermöglicht einem größeren Kreis von Unternehmen den Börsenzugang . Am geregelten Markt gelten nicht so hohe Zulassungsvoraussetzungen. Die Unternehmung, die an die Börse gehen will, muss jedoch mindestens 1 Jahr bestehen und mindestens 250.000 Euro Eigenkapital aufweisen. Hier sind insbesondere größere mittelständische Unternehmen aus Handel, Elektro, Bau und Konsum vertreten. Auch hier müssen die Unternehmen die Deutsche Börse regelmäßig durch Jahresabschlüsse und Halbjahreszahlen (noch freiwillig) unterrichten. Es besteht ebenfalls Ad-hoc-Publizität.

3. SMAX

Für kleinere und mittelständische Unternehmen wurde 1999 SMAX gegründet. Hier können sich insbesondere innovative Unternehmen (jedoch aus klassischen Branchen) positionieren. Es besteht eine Verpflichtung zu 20% Streubesitz. Die Zulassungsvoraussetzungen orientieren sich am amtlichen Handel oder am Freiverkehr.

4. Neuer Markt

Mit dessen Gründung 1997 sollte innovativen und wachstumsstarken Unternehmen die Eigenkapitalaufnahme über die Börse ermöglicht werden. Für die Zulassung mussten die Unternehmen hohe Publizitätspflichten und Standards für die Handelbarkeit ihrer Aktie erfüllen.

Der neue Markt entwickelte sich in den Anfangsjahren hervorragend und bescherte vielen Anlegern überdurchschnittliche Gewinnchancen. In den Jahren 2000 und 2001 gerieten jedoch eine Reihe der notierten Unternehmen in ernsthafte wirtschaftliche Schwierigkeiten bis hin zur Unternehmensinsolvenz. Dem anfänglichen

Höhenflug der Papiere folgte ein Absturz. Aus heutiger Sicht wird es zu einem Auslaufen dieses Marktsegmentes kommen.

Investmentfonds
Seit Jahrzehnten bieten Kreditinstitute und Investmentgesellschaften Investmentzertifikate als sichere Kapitalanlage mit guter Rendite an. Die häufigsten Verkaufsargumente sind die Risikostreuung und das professionelle Management des angelegten Geldes.

Was verbirgt sich hinter dieser Anlageform? Der aus dem Englischen stammende Begriff Investment hängt eng mit dem deutschen Wort Investieren zusammen. Heute umschreibt man Investment als eine spezielle Form der gemeinsamen Kapitalanlage. Auf der einen Seite steht ein große Anzahl von Anlegern, die gemeinsam Geld aufbringen. Ihre Sparbeiträge summieren sich zu einem großen Kapital. Auf der anderen Seite stehen private Unternehmen oder öffentliche Institutionen, die Geld benötigen. Die Investmentgesellschaften treten als Mittler zwischen beiden auf.

Als Anleger bei einer Investmentgesellschaft werden Sie nicht Miteigentümer der Gesellschaft, sondern Miteigentümer in einem Sondervermögen, dem jeweiligen Fonds.
Die Investmentgesellschaft bündelt die Anlagegelder mehrerer Investoren. Der Verwalter (die Investmentgesellschaft) legt diese Gelder nach vorgegebenen Kriterien und dem Prinzip der Risikostreuung an. Das heißt, ein Profi (Fondsmanager) behält Ihr Geld im Auge, gewichtet neu wenn nötig und verfolgt das Marktgeschehen, um sofort reagieren zu können. Diese Verwaltungsarbeit muss natürlich bezahlt werden.

Das Geld der Anleger und das Vermögen der Gesellschaft sind streng voneinander getrennt. Fondsgesellschaften haben den gleichen Status wie Banken. Sie benötigen eine Erlaubnis des zuständigen Bundesaufsichtsamts für ihren Betrieb und werden laufend kontrolliert. Auch wenn eine Gesellschaft, wie in der Praxis üblich, eine Vielzahl von Fonds auflegt, sind diese Vermögen untereinander streng getrennt. Die Gesellschaften können also nicht Gewinne oder Verluste unterschiedlicher Fonds miteinander verrechnen. Dies bedeutet für Sie als Anleger einen hohen rechtlichen Schutz.

Investmentfonds werden in großer Anzahl mit höchst unterschiedlicher Zusammensetzung des Vermögens angeboten. Wie sich das Vermögen zusammensetzt, können Sie dem jeweiligen Emissionsprospekt – erhältlich bei Ihrer Hausbank oder

der Fondsgesellschaft direkt – entnehmen und entsprechend Ihre Anlageentscheidung treffen. Verschiedene Fondsarten sind:

1. Aktienfonds
Das Fondsvermögen besteht ausschließlich aus Aktien und Bankguthaben. Hierbei kann es sich um deutsche Standardwerte, aber auch um ausländische Papiere handeln. Da der Sicherheitsgedanke bei Investmentanlagen stark im Vordergrund steht, dürfen nur Aktien erworben werden, die entweder an einer deutschen Börse zum amtlichen Handel oder Freiverkehr oder an einer ausländischen Börse zugelassen sind. Weiterhin dürfen Aktien eines Ausstellers nur bis zu 5% des Fondsvermögens ausmachen. Doch auch bei Aktienfonds müssen Sie mit Kursschwankungen rechnen.

2. Rentenfonds
Das Fondsvermögen setzt sich aus verzinslichen Wertpapieren deutscher oder internationaler Aussteller zusammen. Auch bei Rentenfonds gelten die oben genannten Auflagen zur Risikobegrenzung. Dies bedeutet für den Anleger eine ausgewogene Mischung unterschiedlicher Laufzeiten und Zinsen. In der Vergangenheit konnten die Investmentgesellschaften ihren Anlegern konstante Erträge anbieten. Die Kursschwankungen sind bei Rentenfonds geringer als bei Aktienfonds.

3. Gemischte Fonds
Eine Mischung von Aktien und verzinslichen Wertpapieren ermöglicht dem Manager des Fonds je nach Wirtschaftslage den Aktien- oder den Rentenanteil zu verstärken. Es können somit unterschiedliche Entwicklungen für den Anleger genutzt werden.

4. Offene Immobilienfonds
Der Gesetzgeber erlaubt auch die Ausgabe von offenen Immobilienfonds. Diese arbeiten im Prinzip wie Aktien- oder Rentenfonds, jedoch besteht ihr Vermögen vorwiegend aus Immobilien, z.B. großen Geschäftshäusern. Die Risikostreuung für den Anleger wird durch eine Vielzahl von Investitionen mit unterschiedlicher Nutzung, in verschiedenen Regionen und Lagen erreicht. Höchstens 20% des Fondsvermögens dürfen in ausländische Immobilien fließen, EU-Länder gelten jedoch als Inland. Damit die jederzeitige Liquidität des Fonds gesichert ist, runden die Fondsmanager das Immobilienvermögen mit festverzinslichen Wertpapieren ab. In den vergangenen Jahren konnten die Fondsgesellschaften ihren Anlegern kontinuierlich gute Renditen nebst Steuervorteilen mit langfristigem Wertzuwachs der Geldanlage anbieten.

5. Dachfonds
Der Fonds beteiligt sich an anderen Aktien-, Renten- oder Immobilienfonds. Mit dieser sehr weiten Risikostreuung können Kursrisiken weitgehend vermieden werden.

6. Geldmarktfonds
Seit 1995 können Investmentgesellschaften Geldmarktfonds, eine Spezialform von Investmentfonds, auflegen. Die Fondsgesellschaften legen das eingesammelte Geld der Anleger zu Zinskonditionen an, die normalerweise nur Großanleger, z.B. Banken oder Versicherungen, erreichen können. Sie als Anleger können durch den Kauf eines Anteils am Geldmarktfonds häufig eine deutlich bessere Rendite als etwa bei einem Festgeld (vgl. S. 95) erreichen. Diese höhere Rendite geht aber nicht zu Lasten der Liquidität, da Geldmarktfonds täglich verfügbar sind. Die Sicherheit dieser kurzfristigen Geldanlage ist durchaus mit Guthaben auf dem Girokonto oder einem Festgeld vergleichbar.

Vor- und Nachteile von Investmentfonds

Vorteile	Nachteile
1. Strenger gesetzlicher Rahmen, der einen hohen Anlegerschutz garantiert. 2. Risikomischung: Wertpapierfonds enthalten Papiere verschiedener Emittenten, einzelne Risiken schlagen daher nur in geringem Umfang durch. Das Gleiche gilt für die breit gestreuten Investitionen offener Immobilienfonds. 3. Die Anteilscheine am Fondsvermögen sind klein gestückelt, d.h. es können auch kleinere Anlagen einmalig oder regelmäßig gespart werden. 4. Professionelle Verwaltung garantiert, dass das Vermögen von Experten betreut wird. 5. Steuervorteile bei Anlagen in offenen Immobilienfonds.	1. Investmentfonds verursachen mehr Kosten als eine Direktanlage – verständlich, da das Dienstleistungsangebot der Investmentgesellschaft bezahlt werden muss. 2. Spitzengewinne bei Einzelwerten können durch die breite Streuung des Vermögens nicht in dem Umfang wie bei Einzelanlagen erzielt werden. (Sie erinnern sich an die Wechselwirkung zwischen Rendite und Risiko.) 3. Ein großes Fondsvermögen hat zwar ein großes Sicherheitspolster, ist aber auch im Verhältnis zu Einzelanlagen immer unflexibler. Massive Verkäufe könnten z.B. starke Kursverluste auslösen.

Wo können Sie nun Investmentanteile kaufen? Hinter den Investmentgesellschaften stehen überwiegend Banken und Sparkassen. Sie bieten in erster Linie Investment-Anteile an. Die Beratung in der Bank beschränkt sich hierbei in der Regel auf das Angebot der „hauseigenen" Papiere. Aufgrund der umfangreichen Angebote lohnt sich auch eine Beratung bei verschiedenen Instituten. Investmentanteile werden an der Börse gehandelt. Den Kaufpreis (Ausgabepreis) können Sie der Tagespresse oder dem Internet entnehmen. Der Kauf von Investmentanteilen wird für Sie über Ihre Hausbank abgewickelt, die Verwahrung der Papiere kann im Depot der Bank, aber auch direkt bei der Fondsgesellschaft erfolgen. Für ihre Dienstleistungen erheben die Banken Gebühren Diese liegen in der Größenordnung wie bei Aktien und Schuldverschreibungen. Für besonders kostenbewusste Anleger, die ihre Anlageentscheidung bereits getroffen haben, bieten eine Reihe von Fondsgesellschaften einen Internet-Service an. Kontoeröffnung und Kauf können direkt abgewickelt werden.

Und wie können Sie Ihre Anteile wieder verkaufen? Da die deutschen Investment-Gesellschaften durch Gesetz verpflichtet sind, die Anteile jederzeit zurückzunehmen, genügt ein Auftrag an die Hausbank oder ein Direktauftrag an die Investmentgesellschaft über das Internet. Wenn Sic Ihre Investmentpapiere verkaufen, vergütet die Fondsgesellschaft Ihnen den Rücknahmepreis, dieser liegt ca. 3 % bis 5 % unter dem Ausgabepreis. Auch diesen können Sie der Tagespresse entnehmen. Die Differenz begründet sich durch den Verwaltungsaufwand der Fondsgesellschaft.

Damit Sie die eindeutigen Vorteile der Investmentanteile – nämlich konstante Erträge und Wertzuwachs – optimal nutzen können, bietet sich eine mittel- bis langfristige Anlage an. Diese kann durch eine einmalige Zahlung aber auch durch regelmäßiges monatliches Sparen erfolgen. Vorteil ist, dass Sie trotzdem jederzeit über Ihr angelegtes Geld verfügen können. Bei sehr kurzfristigem Geldbedarf sollte jedoch die Gebührenbelastung beachtet werden.

Wie erfahren Sie, dass sich Ihre Geldanlage in Investment-Fonds gut entwickelt? Die Ausgabe- und Rücknahmepreise werden an jedem Börsentag veröffentlicht. Weiterhin muss die Investmentgesellschaft am Schluss des Geschäftsjahrs für jedes Sondervermögen einen Rechenschaftsbericht mit Aufstellung der einzelnen Vermögenswerte jedes Fonds erstatten. Dieser wird auch im *Bundesanzeiger* veröffentlicht. Weiterhin sind die Gesellschaften in der Mitte des Geschäftsjahrs zu einem Zwischenbericht verpflichtet. Diese Unterlagen erhalten Sie als Anleger entweder über die depotführende Hausbank oder direkt von der Investmentgesellschaft.

Geldanlage und Steuern

Beim Verfolgen all der Anlageformen haben Sie sich sicher schon gefragt, ob diese mit Steuerpflichten verbunden sind. Richtig: Erträge, die Sie mit Ihrer Geldanlage erwirtschaften, sind grundsätzlich einkommensteuerpflichtig. Beim Auswählen der richtigen Geldanlage sollten Sie daher auch Ihre steuerliche Situation berücksichtigen. Mit einer Reihe von Anlagemöglichkeiten können Sie auch die Steuerbelastung verringern. Dazu sollten Sie mit Ihrem Steuerberater sprechen.

Zur Sicherstellung der Versteuerung hat der Gesetzgeber bestimmt, dass bei Erträgen aus Geldanlagen sofort an der Quelle – bei der Auszahlung durch die Bank – Steuern einbehalten werden. So sind Banken und Sparkassen dazu verpflichtet 25%–30% von Erträgen aus Zinsen und Dividenden als Zinsabschlag- oder Kapitalertragsteuer an das Finanzamt abzuführen. Diese Belastung können Sie als privater Anleger jedoch vermeiden:

> Für Einkünfte aus Kapitalvermögen räumt der Staat Freibeträge ein. Diese betragen 1.555 Euro für Ledige und 3.100 Euro für Verheiratete.

Die Freibeträge können Sie unabhängig von Ihrer Steuererklärung nutzen: Sie erteilen Ihrer Bank einen Freistellungsauftrag. Formulare erhalten Sie bei jedem Kreditinstitut. Mit diesem Auftrag erreichen Sie, dass Ihre Kapitalerträge bis zur Höhe Ihres Freibetrags ohne Abzug an Sie ausbezahlt werden. Wenn Sie bei verschiedenen Banken Zinserträge erhalten, können Sie diesen Freibetrag auch splitten. Dann müssen Sie aber sorgfältig Buch führen. Die Einzelbeträge dürfen Ihren gesamten Freibetrag nicht überschreiten. Bitte beachten Sie aber auch, dass die Finanzbehörden prüfen, ob bei mehreren Banken insgesamt ein Betrag freigestellt wurde, der den persönlichen Freibetrag übersteigt. Die Banken haben dann Informationspflichten.

Grauer Kapitalmarkt

Alle Anlageformen, die Sie hier kennen lernten, sind durch eine Vielfalt von Gesetzen und Vorschriften im Sinne des Anlegerschutzes reglementiert. Sie werden permanent überwacht. Es gibt aber auch einen staatlich nicht überwachten Grauen Kapitalmarkt. Vielleicht haben Sie bereits ein Angebot aus diesem in Ihrem Briefkasten gefunden? Mit Flyern, agressiven Anzeigen oder gar persönlichen Anrufen bieten zweifelhafte Vermittler Kapitalanlagen mit hohen Renditen an. Diese Angebote werden oftmals noch als konkurrenzlos, in knapper Menge und mit hohem

Termindruck angepriesen. Hier ist äußerste Vorsicht geboten. Die Sicherheit, die die Anbieter derartiger Produkte vermitteln, ist absolut nicht gegeben. Mit dem Kauf von Anleihen kleiner und unbekannter Gesellschaften, die gesetzlich nicht abgesichert sind, geht der Anleger ein sehr hohes Verlustrisiko ein. Das trifft ebenfalls für angebotene Unternehmensbeteiligungen zu. Wenn Sie Fragen zu diesen Produkten des Grauen Kapitalmarktes haben, so können Sie sich an die Verbraucherzentralen wenden. Wo sich diese befinden, erfahren Sie im Anhang.

Auf Seite 118 finden Sie alle Geldanlageformen nochmals auf einen Blick.

Schlusswort

Wo stehen Sie jetzt liebe Leserin, lieber Leser?

Sie haben viel über Geld, Schulden und Vermögen erfahren. Welche Punkte Sie davon umsetzen, liegt nun an Ihnen.

Sie besitzen aber bereits heute meine aufrichtige Anerkennung, denn Sie arbeiten zweifellos an einem verantwortungsvollen Umgang mit Geld. Schließlich haben Sie dieses Buch bis hierher gelesen. Wenn Sie Rückschläge erleiden oder zweifeln, bitte ich Sie sich eines in Erinnerung zu rufen: Ihre Lebensziele, Ihre positiven Erfahrungen und Ihr neu erlangtes Wissen zum richtigen Umgang mit Geld.

Ich wünsche Ihnen finanzielles Glück und das Erreichen Ihrer Ziele.

Anlageform	Sicherheit	Liquidität	Rendite	Spekulation
Guthaben Girokonto	1	1	5	
Festgelder	1	2 bis 3	3	
Spareinlagen	1	2 bis 3 (nach der Kündigungsfrist)	4	
Sparbriefe	1	3	3	
Sparverträge	1	3	3	
Bundesschatzbriefe	1	2	3	
Bundesanleihen und Bundesobligationen	1	2	3	
Finanzierungsschätze des Bundes	1	2	2	
Gedeckte Schuldverschreibungen (Pfandbriefe und Kommunalobligationen)	1	2	2	geringe Chance und geringes Risiko
Ungedeckte Schuldverschreibungen	1 bis 2 (je nach Adresse und Laufzeit)	2	2	geringe Chance und geringes Risiko
Industrieobligationen	1 bis 4 (je nach Ausgeber)	3	2	höhere Chance und höheres Risiko
Schuldverschreibungen ausländischer Emittenten	1 bis 5 (sehr abhängig vom Ausgeber)	3	1 bis 2 (je nach Ausgeber)	höhere Chance und höheres Risiko
Aktienanleihen	4	3	1 bis 3 (je nach Kursentwicklung)	höhere Chance und höheres Risiko
Wandel- und Optionsanleihen	3	3	2	höhere Chance und höheres Risiko
Genussscheine	4	4	1 bis 5 (abhängig vom Unternehmens-ergebnis)	höhere Chance und höheres Risiko
Zerobonds	1 bis 5 (abhängig vom Ausgeber)	3	keine laufende Rendite	
Junkbonds	5	3	2 bis 5 (je nach Unternehmen)	
Genossenschaftsanteile	2	3	2	
Aktien (deutsche Standardwerte/DAX)	2 bis 3	2	2 bis 3	geringe Chance und geringes Risiko
Aktien (deutsche, keine Standardwerte)	1 bis 5 (sehr abhängig von Gesellschaft)	3	3	höhere Chance und höheres Risiko
Investmentzertifikate (Aktienfonds, Rentenfonds, gemischte Fonds)	2	2	2 bis 3	geringe Chance und geringes Risiko
Investmentzertifikate (offene Immobilienfonds)	2	2	1 bis 3	

Bewertung:

←—————→

1 2 3 4 5 (1 = sehr gut, 5 = sehr schlecht)

In der Spalte „Spekulation" sind nur die Anlageformen bewertet, die ein Spekulieren ermöglichen.

Anhang

Verbraucherschutz und Verbraucherberatung

Bundesministerium für Verbraucherschutz, Ernährung und Landwirtschaft
Besucheranschrift: Rochusstr. 1, 53123 Bonn
Postanschrift: Postfach 14 02 70
53107 Bonn.
Tel.: (02 28) 5 29-0
oder (0 18 88) 5 29-0
Fax: (02 28) 5 29-42 62
oder (0 18 88) 5 29-42 62
http://www.verbraucherministerium.de
E-Mail: internet@bmvel.bund.de

Dienstsitz Berlin:
Besucheranschrift: Wilhelmstr. 54
10117 Berlin
Postanschrift: 11055 Berlin
Tel.: (0 30) 20 06-0
oder (0 18 88) 5 29-0
Fax: (0 30) 20 06 42 62
oder (0 18 88) 5 29 42 62

Verbraucherzentralen
Die Bundeszentrale ist die Dachorganisation der 16 Verbraucherzentralen der Länder und 19 weiterer verbraucherpolitisch orientierter Verbände. Auf Ihrer Website finden sich u.a. Informationen zum Thema „Geld und Versicherung", wobei auch aktuelle Klagen und aktuelle Urteile berücksichtigt werden. Über eine Infothek können Ansprechpartner in regionaler Nähe herausgefunden und eine Suche nach Informationen durchgeführt werden.

vzbv
Verbraucherzentrale Bundesverband e.V.
Markgrafenstr. 66
Besuchereingang: Kochstr. 22
10969 Berlin
Tel.: (0 30) 2 58 00-0

http://www.vzbv.de
E-Mail: info@vzbv.de

Verbraucherzentralen der Länder
Die Verbraucherzentralen bieten unabhängige Beratung schriftlich, telefonisch, persönlich in Beratungsstellen, per Faxabruf oder online an. Beraten wird u.a. zu den Themen Banken, Sparen und Anlagen; Versicherung; Miete; Schulden und Insolvenz.

Verbraucherzentrale Baden-Württemberg e.V.
Paulinenstr. 47
70178 Stuttgart
Tel.: (07 11) 66 91-10
Fax: (07 11) 66 91-50
http://www.verbraucherzentrale-bawue.de
E-Mail: info@verbraucherzentrale-bawue.de

Verbraucherzentrale Bayern e.V.
Mozartstr. 9
80336 München
Tel.: (0 89) 5 39 87-0
Fax: (0 89) 53 75 53
http://www.verbraucherzentrale-bayern.de
E-Mail: info@verbraucherzentrale-bayern.de

Verbraucherzentrale Berlin e.V.
Bayreuther Str. 40, 10787 Berlin
Tel.: (0 30) 2 14 85-0
Fax: (0 30) 2 11 72 01
Termine Tel.: (0 30) 21 48 52 60
http://www.verbraucherzentrale-berlin.de
E-Mail: mail@verbraucherzentrale-berlin.de

Verbraucherzentrale Brandenburg e.V.
Templiner Str. 21
14473 Potsdam

Tel.: (03 31) 2 98 71-0
Fax: (03 31) 2 98 71-77
http://www.vzb.de
E-Mail: info@vzb.de

Verbraucherzentrale des Landes
Bremen e.V.
Altenweg 4
28195 Bremen
Tel.: (04 21) 16 07 77
Fax: (04 21) 1 60 77 80
http://www.verbraucherzentrale-bremen.de
E-Mail: info@vz-hb.de

Verbraucherzentrale Hamburg e.V.
Kirchenallee 22
20099 Hamburg
Tel.: (0 40) 2 48 32-0
Fax: (0 40) 24 83 22 90
http://www.vzhh.de
E-Mail: info@vzhh.de

Verbraucherzentrale Hessen e.V.
Große Friedberger Str. 13-17
60313 Frankfurt
Tel.: (0 69) 97 20 10-0
Fax: (0 69) 97 20 10-50
Faxabruf: (0 69) 97 20 59 00
http://www.verbraucher.de
E-Mail: vzh@verbraucher.de

Verbraucherzentrale Mecklenburg-
Vorpommern e.V.
Strandstr. 98
18001 Rostock
Tel.: (03 81) 49 39 80
Fax: (03 81) 4 93 98 30
http://www.verbraucherzentrale-mv.de
E-Mail: info@verbraucherzentrale-mv.de

Verbraucherzentrale
Niedersachsen e.V.
Herrenstr. 14
30159 Hannover 1

Tel.: (05 11) 9 11 96 01
Fax: (05 11) 9 11 96 10
http://www.vzniedersachsen.de
E-Mail: infor@vzniedersachsen.de

Verbraucherzentrale
Nordrhein-Westfalen e.V.
Mintropstr. 27
40215 Düsseldorf
Tel.: (02 11) 38 09-0
Fax: (02 11) 3 80 9-2 16
http://www.vz-nrw.de
E-Mail: vz.nrw@vz-nrw.de

Verbraucherzentrale
Rheinland-Pfalz e.V.
Ludwigstr. 6
55116 Mainz
Tel.: (0 61 31) 28 48-0
Fax: (0 61 31) 28 48-66
http://www.verbraucherzentrale-rlp.de
E-Mail: info@verbraucherzentrale-rlp.de

Verbraucherzentrale Saarland e.V.
Haus der Beratung
Trierer Str. 22
66111 Saarbrücken
Tel.: (06 81) 58 80 90
Fax: (06 81) 5 88 09 22
http://www.vz-saar.de
E-Mail: vz-saar@vz-saar.de

Verbraucherzentrale Sachsen e.V.
Bernhardstr. 7
04315 Leipzig
Tel.: (03 41) 6 88 80 80
Fax: (03 41) 6 89 28 26
http://www.vzs.de
E-Mail: vzw@vzs.de

Verbraucherzentrale
Sachsen-Anhalt e.V.
Steinbocksgasse 1
06108 Halle

Tel: (03 45) 2 98 03 29
Fax: (03 45) 2 98 03 26
http://www.vzsa.de
E-Mail: vzsa@vzsa.de

Verbraucherzentrale
Schleswig-Holstein e.V.
Bergstr. 24
24103 Kiel
Tel.: (04 31) 59 09 90
Fax: (04 31) 5 90 99 77
http://www.verbraucherzentrale-sh.de
E-Mail: info@verbraucherzentrale-sh.de

Verbraucherzentrale Thüringen e.V.
Eugen-Richter-Str. 45
99085 Erfurt
Tel.: (03 61) 55 51 40
Fax: (03 61) 5 55 14 40
http://www.vzth.de
E-Mail: info@vzth.de

Verbraucherschutz in Österreich
Verein für Konsumenteninformation
Mariahilfer Str. 81
1061 Wien
Tel.: ++43 (0) 1-5 88 77-0
http://www.konsument.at
E-Mail: konsument@vki.or.at
Der Verein für Konsumenteninformation ist eine gemeinnützige, unparteiische und firmenunabhängige Einrichtung für den Konsumentenschutz und die Konsumenteninformation. Auf der Website finden sich u.a. Informationen zum Bereich Geld und Versicherungen.

Verbraucherschutz in der Schweiz
Konsumentenforum kf
Postfach 294, 8037 Zürich
Tel.: 01 344 50 60
Fax: 01 344 50 66
http://www.konsum.ch
E-Mail: forum@konsum.ch

Das Konsumentenforum versteht sich als neutrales Sprachrohr der Konsumenten und bietet aufbereitetes Fachwissen und praktische Entscheidungshilfen für den Konsumalltag. Es ist gegliedert in einen Dachverband und regionale Sektionen, die jeweils Beratungsstellen betreiben. Deren Adressen sind auf der Website angegeben. Außerdem finden sich dort Verbraucherinformationen zu verschiedenen Themen, hervorzuheben ist die Möglichkeit eines Versicherungsprämienvergleichs.

Weitere Verbraucherinformation und -beratung

Stiftung Warentest
Lützowplatz 11–13
10785 Berlin
Tel.: (0 30) 26 31-0
Fax: (0 30) 26 31-27 27
http://www.warentest.de
E-Mail: email@stiftung-warentest.de

Die Stiftung Warentest unterstützt den Verbraucher mit einem sehr großen Medienangebot sowie speziellen Info- und Analyseangeboten. Zum Thema Geld, Versicherungen, Banken erscheint speziell die Zeitschrift *FINANZtest*. Online oder per Fax können Informationen (z.B. Checklisten zu Banksparplänen) oder Analysen (z.B. die Auswahl einer günstigen Versicherung) abgerufen werden.

Verbraucherinitiative e.V.
Eisenstr. 106
12435 Berlin
Tel: (0 30) 53 60 73-3
Fax: (0 30) 53 60 73-45
http://www.verbraucher.org
E-Mail: mail@verbraucher.org

Die Verbraucherinitiative e.V. ist der Bundesverband kritischer Verbraucher und Verbraucherinnen. Ziel der Vereinsarbeit sind informierte und bewusst handelnde Verbraucher. On-line bietet der Verein auch zu den Themen Geld und Recht Informationen. Auch hier können weiterführende Publikationen bestellt werden.

Bund der Energieverbraucher e.V. (BDE)
Grabenstr. 17
53619 Rheinbreitbach
Tel.: (0 22 24) 9 22 70
Fax: (0 22 24) 1 03 21
http://www.energienetz.de
E-Mail: info@energieverbraucher.de

Der BDE ist eine Interessenorganisation priva-ter Energieverbraucher in Deutschland und Mitglied im Bundesverband der Verbraucher-zentralen. Ziel ist u.a. die Unterstützung der Mitglieder beim Energiesparen und bei Strei-tigkeiten mit Versorgungsunternehmen.

Deutsche Energie Agentur
Chausseestr. 128 a
10115 Berlin
Tel.: (0 30) 7 26 16 56-43
Fax: (0 30) 7 26 16 56-99
http://www.deutsche-energie-agentur.de
E-Mail: info@deutsche-energie-agentur.de

Die Deutsche Energie Agentur bietet ein Ver-braucherportal zum Thema Energie an. Unter
http://www.thema-energie.de
finden sich Artikel für Einsteiger wie auch Fach-leute zu wichtigen Energiefragen, Tipps zum Energiesparen im Haushalt, Energie sparendem Heizen usw. Genutzt werden kann auch die kos-tenfreie Energie-Hotline:
Tel.: (0 80 00) 73 67 34

Bund der Sparer e.V.
Heimeranstr. 61
80339 München
Postanschrift: Postfach 120228
80030 München

Tel.: (0 89) 51 00 96 96
Fax: (0 89) 51 00 94 90
http://www.bund-der-sparer.de
http://www.BDS-Deutschland.de
E-Mail: Info@BDS-Deutschland.de

Der Bund der Sparer e.V. ist ein gemeinnütziger Verein mit der Zielsetzung Verbraucher zu den Themen Banken, Versicherungen, Geldanlage und private Vorsorge aufzuklären.

Deutscher Mieterbund
Littenstraße 10
10179 Berlin
Telefon: (0 30) 2 23 23-0
Telefax: (0 30) 2 23 23-100
http://www.mieterbund.de oder
http://www.mieterverein.de
E-Mail: info@mieterbund.de

Der Deutsche Mieterbund ist die politische In-teressenvertretung für Mieter, ein Aufgabenge-biet ist die Aufklärung über miet- und woh-nungsrechtliche Fragen. Die 350 örtlichen Mie-tervereine sind die unmittelbare Interessenver-tretung, sie helfen bei Mietstreitigkeiten und bieten eine Rechtsberatung an. Es besteht unter
http://www.mieterbund.de
online sowie telefonisch unter
(0 18 05) 83 58 35
eine Möglichkeit der Suche nach dem örtlichen Mieterverein. Für eine Rechtsberatung ist die Aufnahme als Mitglied in den Mieterverein Voraussetzung. Die Mitgliedschaft kostet der-zeit ca. 40 bis 80 Euro pro Jahr.

Mieterschutzbund e.V.
Kaiserwall 37
45657 Recklinghausen
Tel.: (0 23 61) 2 40 77
Fax.: (0 23 61) 1 79 37
http://www.mieterschutzbund.de
E-Mail: office@mieterschutzbund.de

Der gemeinnützige Verein versteht sich als Selbsthilfeorganisation der Mitglieder. Er bietet für Mitglieder eine Rechtsberatung, einen kostenfreien Fax-Abruf zu allgemeinen Fragestellungen und Dienstleistungen auch für Nichtmitglieder. Auf der Website finden sich unter anderem Mietspiegel verschiedener Städte, die jedoch auf das Bundesland Nordrhein-Westfalen begrenzt sind.

Die Beantragung der Mitgliedschaft ist online möglich, der Beitrag beläuft sich auf eine Anmeldegebühr in Höhe von 20 Euro und eine Jahresgebühr von 70 Euro.

Deutsche Anwaltsauskunft

Angeboten wird dieser Auskunftsservice vom Deutschen Anwaltverein (DAV) e.V., einer Zusammenfassung aller Rechtsanwälte in Deutschland. Über die Anwaltsauskunft ist die Suche nach einem individuell passenden Anwalt mit entsprechender Qualifikation und entsprechenden Tätigkeitsschwerpunkten und Interessengebieten in der gewünschten Region möglich.

Online: http://www.anwaltauskunft.de
Per Telefon (0,12 Euro pro Minute) unter der Nummer: (0 18 05) 18 18 05

Weitere Links:

http://www.verbraucherschutz-forum.de
(Informationsaustauschplattform von Verbrauchern für Verbraucher)

http://www.mieterberatung-berlin.de

(Unter der Rubrik Mietspiegel sind die Mietspiegel von 125 verschiedenen deutschen Städten aufgeführt.)

Schuldnerberatung

Schuldnerberatung führen verschiedene Institutionen, Vereine, soziale Organisationen (so z.B.

auch die bereits genannten Verbraucherzentralen) sowie Städte und Gemeinden durch. Es handelt sich dabei um eine kostenfreie Hilfe. Dabei werden keine Kredite vermittelt oder Bürgschaften übernommen, Informationen vertraulich behandelt. Im Folgenden finden Sie dazu eine Auswahl, alle Schuldnerberatungsstellen zu nennen, würde den Rahmen dieses Buches sprengen.

Bundesarbeitsgemeinschaft
Schuldnerberatung e.V.
Wilhelmsstr. 11
34117 Kassel
Tel.: (05 61) 77 10 93
Fax: (05 61) 71 11 26
http://www.bag-schuldnerberatung.de
E-Mail: bag-schuldnerberatung@
t-online.de

Die Bundesarbeitsgemeinschaft Schuldnerberatung ist ein unabhängiger und gemeinnütziger Verein. Sie ist u.a. Ansprechpartner für Ratsuchende, bietet eine Suchmöglichkeit zu regionalen Landesarbeitsgemeinschaften, Insolvenzgerichten und Schuldnerberatungsstellen.

Die Landesarbeitsgemeinschaften bieten wiederum konkrete Informationen für die jeweiligen Bundesländer.

Landesarbeitsgemeinschaft
Schuldner- & Insolvenzberatung
in Bayern e.V.
Vereinssitz Nürnberg
Postanschrift: c/o DW Untermain
Frohsinnstr. 10
63739 Aschaffenburg
Tel.: (0 60 21) 39 99 60
http://www.schuldnerberatung-bayern.de
E-Mail: info@schuldnerberatung-bayern.de

Landesarbeitsgemeinschaft Schuldner- und Insolvenzberatung Berlin e.V.
Geschäftsstelle Genter Str. 53

13353 Berlin
http://www.schuldnerberatung-berlin.de

Landesarbeitsgemeinschaft
Schuldner- und Insolvenzberatung
Brandenburg e.V.
Pappelallee 7
16321 Schönow

Förderverein Schuldnerberatung im Lande
Bremen e.V.
Bürgermeister-Smidt-Str. 58-60
28195 Bremen
Tel.: (04 21) 16 81 69
Fax: (04 21) 16 81 69
http://www.fsb-bremen.de
E-Mail: info@fsb-bremen.de

Landesarbeitsgemeinschaft
Schuldnerberatung Hessen e.V. (LAG-SB)
Wiesenstr. 34
60385 Frankfurt
Tel.: (0 69) 9 56 38 90
Fax: (0 69) 95 63 89 11
http://www.sozialnetz-hessen.de/lag-online/
E-Mail: lag-online@sozialnetz-hessen.de

Landesarbeitsgemeinschaft Schuldnerberatung
Mecklenburg-Vorpommern e.V.
c/o Arbeitslosenverband Deutschland (ALVD)
Langenstr. 48
18439 Stralsund
Tel.: (0 38 31) 70 33 21
Fax: (0 38 31) 70 33 22
http://www.bag-schuldnerberatung.de/lagsb/
meck-pomm/

Landesarbeitsgemeinschaft Schuldnerberatung
NRW e.V.
c/o Caritasverband Oberberg
Talstr. 1
51643 Gummersbach
Tel.: (0 22 61) 3 06 51
http://www.nrw-schuldnerberatung.de

E-Mail: kontakt@nrw-
schuldnerberatung.de

Landesarbeitsgemeinschaft Schuldnerberatung
Rheinland-Pfalz e.V.
c/o Werner Sanio
SPAZ gGmbH
Leibnizstr. 20
55118 Mainz
Tel: (0 61 31) 22 44 39
Fax: (0 61 31) 22 04 92
E-Mail: werner.sanio@spaz.de

Landesarbeitsgemeinschaft Schuldnerberatung
Sachsen e.V.
c/o Verbraucherzentrale Sachsen e.V.
Scherlstr. 18
041103 Leipzig
Tel.: (03 41) 9 60 89-23
http://www.vzs.de
E-Mail: vzs@vzs.de

Landesarbeitsgemeinschaft
Thüringen e.V.
Herr Ralph Reichertz
Eugen-Richter-Str. 45
99085 Erfurt
Tel.: (03 61) 5 55 14-0 oder -16

Schuldnerberatung in Österreich

ASB-Arge Schuldnerberatungen
Scharitzer Str. 10
A-4020 Linz
Tel.: +43 732 65 36 31
Fax: +43 732 65 36 30
http://www.schuldnerberatung.at
E-Mail: grohs-asb@aon.at

ASB Arge Schuldnerberatungen ist die Dachorganisation der Schuldnerberatungen in Österreich. Auf der Website finden sich die Adressen der regionalen Schuldnerberatungsstellen. Die Beratung in diesen ist kostenlos.

Schuldnerberatung in der Schweiz

Dachverband Schuldenberatung
Schreinerstr. 60
Postfach 1274
8031 Zürich
http://www.schulden-zh.ch
Tel.: 01 291 15 68
Fax: 01 291 15 66
E-Mail: fachstell.schuldenfragen@
swissonline.ch

Der Dachverband Schuldenberatung ist ein Zusammenschluss der gemeinnützigen Schuldenberatungsstellen in der Schweiz. Einzelberatungen finden in den regionalen meist gemeinnützigen Beratungsstellen statt. Auf der Website sind diese Beratungsstellen aufgelistet.

Weitere Links:

http://www.forum-schuldnerberatung.de
Unter anderem Recherchemöglichkeit in offiziellem Adressangebot für Schuldnerberatungsstellen des Bundesministeriums für Familie, Frauen, Senioren und Jugend.

http://www.sfz-mainz.de/seiten/links/
linksbset.html
Verzeichnis des Schuldnerfachberatungszentrums der Universität Mainz

Gehaltsrecherche

http://www.jungekarriere.com
Auf der Website der Zeitschrift finden sich unter der Rubrik Cash u.a. ein Brutto-Netto-Rechner, Gehaltsgrafiken und Gehaltsreports nach Berufen.

Zudem bieten eine Reihe von Personalberatungen, Online-Stellenbörsen und Zeitschriften auf Ihren Websites Möglichkeiten zur Gehaltsrecherche an.

Existenzgründung und Selbstständigkeit

Kreditanstalt für Wiederaufbau (KfW)
Palmengartenstraße 5-9
60325 Frankfurt am Main
Tel.: (0 69) 74 31-0
Fax: (0 69) 74 31-29 44
http://www.kfw.de

Informationszentrum
Tel.: (0 18 01) 33 55 77 (Ortstarif)
Fax: (0 69) 7 43 16 43 55
E-Mail: iz@kfw.de

Niederlassung Berlin
Charlottenstraße 33/33a
10117 Berlin
Tel.: (0 30) 2 02 64-0
Fax: (0 30) 2 02 64-5188

Beratungszentrum Berlin
Behrenstraße 31
10117 Berlin
Tel.: (0 30) 2 02 64-50 50

Deutsche Ausgleichsbank (DtA)
Ludwig-Erhard-Platz 1–3
53179 Bonn
Tel.: (01 80) 1 24 24 00 (Ortstarif)
http://www.dta.de

Mittelstandsbank des Bundes
Förderinitiative von KfW und DtA für kleine und mittlere Unternehmen
http://www.mittelstandsbank.de
Tel.: (0 18 01) 24 24 00
(zum Ortstarif)
info@mittelstandsbank.de.

Business Angels Netzwerk
Deutschland e.V. (BAND)
Bundesallee 210
10718 Berlin
Tel.: (0 30) 21 00 95 20

Fax: (0 30) 2 10 09 52 34
http://www.business-angels.de

Deutscher Industrie- und Handelskammertag
(DIHK) e.V.
Breite Strasse 29
10178 Berlin
Tel.: (0 30) 2 03 08-0
Fax: (0 30) 2 03 08-10 00
E-Mail: dihk@berlin.dihk.de
http://www.dihk.de

Infocenter
Hotline: (0 30) 2 03 08 – 16 19
E-Mail: infocenter@berlin.dihk.de

Bundesministerium für Wirtschaft
und Arbeit
Dienstsitz Berlin
Scharnhorststr. 34–37
10115 Berlin
Dienstsitz Bonn
Villemombler Str. 76
53123 Bonn
Tel.: (0 18 88) 6 15-0
Fax: (0 18 88) 6 15-70 10
http://www.bmwi.de

Bundesanstalt für Arbeit
Regensburger Straße 104
90478 Nürnberg
Tel.: (0 911) 1 79-0
Fax: (09 11) 1 79-21 23
http://www.arbeitsamt.de

Literaturhinweise

Dominguez, Joseph R. / Robin, Vicki / Dominguez, Joe: Your Money or Your Life. Transforming Your Relationship With Money and Achieving Financial Independence. Penguin USA. 1999.

Jungbluth, Michael (Hrsg.): Geld-Buch: Einkommen, Vermögensverwaltung, Kredite, Versicherungen, Gewährleistungen. Ein Ratgeber d. ZDF-Wirtschaftsredaktion WISO. 4. aktualis. u. erw. Auflage. Frankfurt. Wirtschaftsverlag Ueberreuther. 2000.

Kahneman, Daniel (Hrsg.): Choices, Values and Frames. Cambridge Univ. Pr. USA. 2000.

Kiyosaki, Robert T. / Lechter, Sharon L.: Reichtum kann man lernen. Was Millionäre schon als Kinder wussten. 2. Aufl. Landsberg am Lech. Moderne Industrie. 2001.

Linder, Ray: Financial Freedom: Seven Secrets to Reduce Financial Worry. Moody Press USA 1999.

Maydorn, Alfred: Alles was Sie über Aktien wissen müssen. Grundlagen für Ihre finanzielle Sicherheit. (RTL Buchedition). München. Finanzbuch Verlag. 2000.

Stiftung Warentest (Hrsg.): Handbuch Wertpapiere. Chancen und Risiken der wichtigsten Anlagen. Berlin. 2002.

Vielhaber, Ralf (Hrsg.): Financial Times Jahrbuch Geldanlage 2002: Die besten Investmentchancen im Zeichen des Euro. München. Financial Times. 2001.

Wambach, Lovis M.: Endlich schuldenfrei. Ihre 72 wichtigsten Fragen an den Anwalt. Verbraucherinsolvenzverfahren, Restschuldbefreiung, Verhaltenspflichten, Schuldenbereinigungsplan, Briefmuster, Wahl des Anwalts, Kosten. Deutscher Anwaltverlag. Bonn. 2001.

Wikner, Ulrike: Networking – die neue Form der Karriereplanung. Geschäftsbeziehungen knüpfen und erfolgreich nutzen. Würzburg. Lexika Verlag. 2000.

Williams, Arthur L.: Das Prinzip Gewinnen. Tun Sie alles, was Sie tun können, und Sie werden alles erreichen! 13. Aufl. Landsberg am Lech. Redline Wirtschaft. Moderne Industrie. 2002.

Stichwortverzeichnis